小学校
算数科教育法

編著 鈴木将史

青山和裕・穴田恭輔・太田　誠・佐藤幸江
志水　廣・鈴木詞雄・玉置　崇・和田秀夫 共著

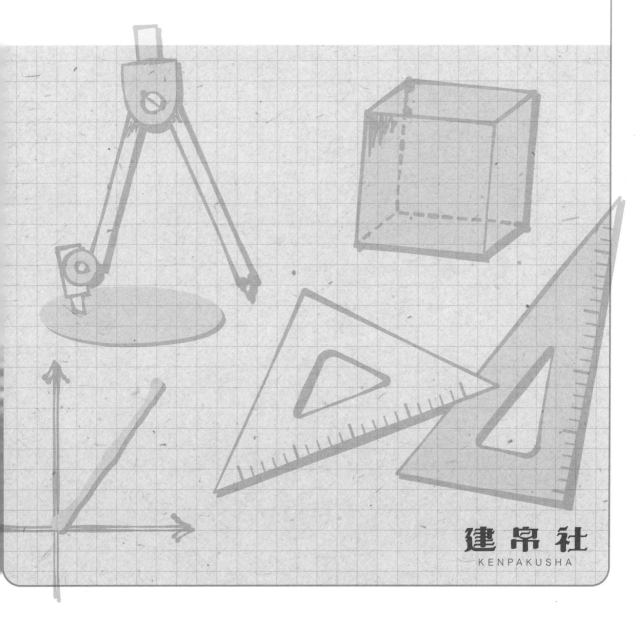

建帛社
KENPAKUSHA

まえがき

　変化の著しいこれからの時代を生きる子どもたちには，従来のような記憶再生型の教育ではなく，新しい問題を自ら発見し，解決へ向けて他者と協力して対処していけるような，新しい能力を養う教育が求められている。こうした問題意識のもと，2017（平成29）年３月に小学校の学習指導要領が改訂されたのに合わせ，従来の『小学校算数科の指導』を全面的に見直し，新たに『小学校算数科教育法』として刊行することとなった。

　新学習指導要領には，これまでになかった斬新な変更が多く加えられており，その新しいアイデアをよく理解して授業を行うことが求められている。詳しくは本文で述べるが，算数教育の視点から変更点をいくつか挙げてみよう。

① 新たな学びとして「主体的・対話的で深い学び」というアクティブ・ラーニング的な考えが導入された。
② 能力ベースの見地から，（１）知識・技能の習得，（２）思考力，判断力，表現力の育成，（３）学びに向かう力，人間性の涵養という３つの教育目標が定められ，算数科の目標や各学年・領域の目標もすべてこれら３つの柱にもとづいて記述されている。
③ 初めて領域の組み換えが行われ，C領域が学年別に「測定」，「変化と関係」の２つとなり，D領域として統計を扱う「データの活用」が独立した。
④ ICT（情報通信技術）の活用やプログラミングの体験，カリキュラム・マネジメントの推進，児童の発達に応じた指導など，新しい状況に合わせた教育が求められている。

　こうした変化を受けて，本書では「新時代の算数教育」を提唱し，新学習指導要領の趣旨をたがえずに，自信を持って算数の授業を行えるようにすることを目指した。また各領域内容を扱う章では最後に「数学的活動」の具体例を載せ，授業でも使えるよう配慮した。

　従来の「算数的活動」が「数学的活動」に改められたことにもみられるように，小学校算数においても論理的側面が重視されてきている。ともすると新しい教授法に関心が向きがちであるが，算数を筋道立てて教えるためには，数学の理論的裏付けに関する理解が不可欠である。本書では，教育現場での実際の指導法を強調しつつも，理論的な側面もおろそかにしないように記述した。

　これから小学校教員になることを目指している学生の皆さん，現在小学校で算数を教えておられる教員の皆さん，また広く算数の教育に興味・関心を持つ多くの方々に役立てていただけるよう，できるだけ新しい考え方を取り入れた教授法を盛り込んだ。

　志水廣氏，青山和裕氏，穴田恭輔氏，太田誠氏，佐藤幸江氏，鈴木詞雄氏，玉置崇氏，和田秀夫氏の８人の執筆者の方々には，多忙中，要求に応えて原稿を作成していただいた。また，建帛社社長筑紫和男氏及び編集部の黒田聖一氏には，本書の編集・制作に当たって多大なご尽力をいただいた。謹んで謝意を表したい。

2018年４月

編著者　鈴木 将史

目　次

第1章　新時代の算数教育

1．主体的・対話的で深い学びを目指す算数教育 ········· *1*
  （1）算数教育における「主体的・対話的で深い学び」 ········· *1*
  （2）「主体的・対話的で深い学び」と「アクティブ・ラーニング」 ········· *3*
  （3）「主体的・対話的で深い学び」と協働（同）学習 ········· *4*
2．数学的活動の重視 ········· *5*
  （1）数学的活動の意義 ········· *5*
  （2）算数的活動から数学的活動へ ········· *6*
  （3）数学的活動の類型と各学年への位置づけ ········· *6*
3．ICTを活用した算数教育 ········· *7*
4．カリキュラム・マネジメントに基づく算数教育 ········· *10*
5．算数教育のユニバーサルデザイン ········· *13*

第2章　算数教育の目標

1．なぜ算数を学ぶのか ········· *15*
  （1）算数・数学を学ぶ価値 ········· *15*
  （2）学習指導要領にみる「算数科の目標」 ········· *16*
2．日本の算数教育の歴史 ········· *17*
  （1）明治以前　―「和算」の時代― ········· *17*
  （2）明治の学制から昭和初期まで　―算数科教育の確立― ········· *17*
  （3）第二次大戦後　―生活単元学習から系統的学習へ― ········· *19*
  （4）数学教育の現代化 ········· *20*
  （5）新学習指導要領に向けての動き　―「ゆとり」から「生きる力」へ― ········· *21*
3．新学習指導要領と算数科の目標 ········· *22*
  （1）学習指導要領の改訂のねらいと背景 ········· *22*
  （2）主体的・対話的で深い学び ········· *23*
  （3）算数科の目標 ········· *23*
  （4）「学力の3要素」にしたがった項目分け ········· *25*

第3章　「A　数と計算」の指導

1．「A　数と計算」の指導内容 ········· *27*
2．数の概念と表現の指導 ········· *28*
  （1）数概念 ········· *28*

（2）記数法と命数法 ……………………………………………………………… 30
　　　（3）演算 …………………………………………………………………………… 32
　　3．整数の加法と減法の指導 ………………………………………………………… 34
　　　（1）数の分解と合成 ……………………………………………………………… 34
　　　（2）整数の加法の意味と計算の仕方 …………………………………………… 34
　　　（3）整数の減法の意味と計算の仕方 …………………………………………… 36
　　　（4）整数の暗算 …………………………………………………………………… 37
　　　（5）整数の加減の筆算の仕方 …………………………………………………… 38
　　4．整数の乗法と除法の指導 ………………………………………………………… 39
　　　（1）整数の乗法の意味と計算の仕方 …………………………………………… 39
　　　（2）整数の除法の意味と計算の仕方 …………………………………………… 40
　　　（3）整数の乗除の筆算の仕方 …………………………………………………… 42
　　5．小数・分数の概念と表現 ………………………………………………………… 44
　　　（1）小数・分数の歴史 …………………………………………………………… 44
　　　（2）小数の意味と働き …………………………………………………………… 44
　　　（3）分数の意味と働き …………………………………………………………… 45
　　　（4）数の表現としての小数と分数 ……………………………………………… 46
　　6．小数・分数の計算の指導 ………………………………………………………… 47
　　　（1）演算の適用範囲の拡張 ……………………………………………………… 47
　　　（2）小数・分数の加法・減法 …………………………………………………… 48
　　　（3）小数・分数の乗法（1）〜乗数が整数の場合〔第4・5学年〕………… 50
　　　（4）小数・分数の除法（1）〜除数が整数の場合〔第4・5学年〕………… 51
　　　（5）小数・分数の乗法（2）〜乗数が小数・分数の場合〔第5・6学年〕… 53
　　　（6）小数・分数の除法（2）〜除数が小数・分数の場合〔第5・6学年〕… 55
　　7．概数と概算の指導 ………………………………………………………………… 58
　　　（1）概数・概算の意味 …………………………………………………………… 58
　　　（2）概数・概算の処理の仕方 …………………………………………………… 58
　　8．数量の関係を表す式の指導 ……………………………………………………… 59
　　　（1）式の表現と働き ……………………………………………………………… 59
　　　（2）フレーズ（句）型の式とセンテンス（文）型の式 ……………………… 59
　　　（3）式の読み取り ………………………………………………………………… 60
　　9．「数と計算」に関する主体的・対話的で深い学びの数学的活動 …………… 60
　　　（1）整数を扱った数学的活動 …………………………………………………… 60
　　　（2）小数と分数を扱った数学的活動 …………………………………………… 61

第4章 「B 図形」の指導

1．「B 図形」の指導内容 ……………………………………………………………… 65
2．概念定義と概念イメージ …………………………………………………………… 68
3．平面図形の指導 ……………………………………………………………………… 70
　　（1）三角形・四角形の概念 ………………………………………………………… 70
　　（2）長方形・正方形の概念 ………………………………………………………… 71

（3）台形，平行四辺形，ひし形の概念 ……………………………… 72
　　　（4）多角形，正多角形の概念 …………………………………………… 73
　　　（5）円の概念 ……………………………………………………………… 73
　4．図形の性質と論証の指導 ……………………………………………… 74
　　　（1）帰納的な考え ………………………………………………………… 75
　　　（2）類推的な考え ………………………………………………………… 75
　　　（3）演繹的な考え ………………………………………………………… 76
　5．作図法の指導 …………………………………………………………… 76
　　　（1）小学校における作図 ………………………………………………… 76
　　　（2）円の作図 ……………………………………………………………… 76
　　　（3）垂直や平行の作図，直方体や立方体の見取図や展開図 ………… 77
　　　（4）合同な三角形の作図 ………………………………………………… 77
　　　（5）線対称，点対称の図形の作図，拡大図，縮図の作図 …………… 78
　6．立体図形の指導 ………………………………………………………… 78
　　　（1）身の回りにあるいろいろな立体の特徴をとらえる ……………… 78
　　　（2）箱の形の構成要素に着目する ……………………………………… 79
　　　（3）球 ……………………………………………………………………… 79
　　　（4）直方体・立方体 ……………………………………………………… 79
　　　（5）角柱・円柱 …………………………………………………………… 80
　7．面積・体積・角の計量の指導 ………………………………………… 80
　　　（1）長方形，正方形の面積 ……………………………………………… 80
　　　（2）三角形や平行四辺形の面積 ………………………………………… 81
　　　（3）円の面積と円周率 …………………………………………………… 82
　　　（4）直方体，立方体，角柱，円柱の体積 ……………………………… 83
　　　（5）角の計量 ……………………………………………………………… 83
　8．「図形」に関する主体的・対話的で深い学びの数学的活動 ………… 84
　　　（1）角度を扱った数学的活動 …………………………………………… 84
　　　（2）立体を扱った数学的活動 …………………………………………… 84
　　　（3）図形の面積を扱った数学的活動 …………………………………… 85

第5章 「C 測定」の指導

　1．「C 測定」の指導内容 ………………………………………………… 87
　2．量概念の意義 …………………………………………………………… 88
　　　（1）「量」とは何か ……………………………………………………… 88
　　　（2）量の分類 ……………………………………………………………… 88
　　　（3）測定の意味 …………………………………………………………… 89
　3．基本的な量と測定の指導 ……………………………………………… 89
　　　（1）測定の4段階 ………………………………………………………… 89
　　　（2）第1学年～第3学年の「長さ」の指導 …………………………… 90
　　　（3）「かさ」の指導 ……………………………………………………… 92
　　　（4）「重さ」の指導 ……………………………………………………… 92

4．時刻と時間の指導 …………………………………………………………………… *93*
5．「測定」に関する主体的・対話的で深い学びの数学的活動 …………………… *94*

第6章 「C　変化と関係」の指導

1．「C　変化と関係」の指導内容 …………………………………………………… *97*
　（1）「知識・技能」の学年を見通した系統 ……………………………………… *97*
　（2）「思考力・判断力・表現力」の学年を見通した系統 ……………………… *98*
2．割合の概念とその指導 ……………………………………………………………… *99*
　（1）割合の意味と働き …………………………………………………………… *99*
　（2）百分率の意味と働き ………………………………………………………… *100*
3．関数の概念とその指導 …………………………………………………………… *101*
　（1）関数の意味 …………………………………………………………………… *101*
　（2）「変わり方」の指導 ………………………………………………………… *102*
　（3）比例・反比例の定義とその指導 …………………………………………… *103*
4．「変化と関係」に関する主体的・対話的で深い学びの数学的活動 ………… *105*

第7章 「D　データの活用」の指導

1．「D　データの活用」の指導内容 ……………………………………………… *109*
　（1）統計的な問題解決の過程について ………………………………………… *110*
　（2）表やグラフ，統計量 ………………………………………………………… *111*
2．多面的・批判的な考察の指導 …………………………………………………… *116*
3．統計的な問題解決の活用の指導 ………………………………………………… *118*
　（1）問題設定や調査計画の扱いについて ……………………………………… *118*
　（2）統計的な問題解決の授業化に向けて ……………………………………… *118*
4．「データの活用」に関する主体的・対話的で深い学びの数学的活動 ……… *121*
　（1）「問題（Problem）」の活動 ………………………………………………… *122*
　（2）「計画（Plan）」の活動 ……………………………………………………… *122*
　（3）「データ（Data）」の活動 …………………………………………………… *122*
　（4）「分析（Analysis）」の活動 ………………………………………………… *123*
　（5）「結論（Conclusion）」の活動 ……………………………………………… *124*
　（6）主体的・対話的で深い学びの観点から …………………………………… *124*

第8章 算数科の授業づくり

1．算数の授業 ………………………………………………………………………… *127*
　（1）算数の授業とは何か ………………………………………………………… *127*
　（2）算数の知識・技能 …………………………………………………………… *127*
　（3）概念形成と教師の役割 ……………………………………………………… *128*

２．算数科における学習指導の視点 ·· *129*
　（１）教えることと考えさせることの区別 ·································· *129*
　（２）授業をつくる上での視点 ·· *129*
　（３）めあて，問題提示，発問，板書，つまずき ························ *130*

第9章　指導計画の作成と評価

１．評価の意義と方法 ··· *135*
　（１）相対評価・絶対評価 ·· *135*
　（２）事前評価・中間評価・事後評価 ·· *136*
　（３）診断的評価・形成的評価・総括的評価 ······························ *136*
２．評価規準の設定 ·· *137*
３．授業における評価と指導 ··· *139*
４．学習指導計画の意義と作成 ··· *140*
　（１）学習指導計画の意義 ·· *140*
　（２）学習指導計画の作成 ·· *141*
５．学習指導案の意義と作成 ··· *142*
　（１）学習指導案の意義 ·· *142*
　（２）学習指導案の作成 ·· *142*
　（３）学習指導案の内容 ·· *143*
　（４）学習指導案の例 ··· *144*

文　献 ·· *149*
巻末資料１：用語・記号の基本―かき方―と道具の使い方 ················ *151*
巻末資料２：小学校学習指導要領　第3節　算数 ····························· *157*
索　引 ·· *172*

第1章　新時代の算数教育

1．主体的・対話的で深い学びを目指す算数教育

(1) 算数教育における「主体的・対話的で深い学び」

　2017（平成29）年3月に告示され，2020年度から実施される新しい「小学校学習指導要領」（以下，「新学習指導要領」）において，改訂にあたって強調されているキーワードの一つは「**主体的・対話的で深い学び**」である。「第1章　総則」の「第1　小学校教育の基本と教育課程の役割」において，「2　学校の教育活動を進めるに当たっては，各学校において，第3の1に示す主体的・対話的で深い学びの実現に向けた授業改善を通して，創意工夫を生かした特色ある教育活動を展開する中で，次の（1）から（3）までに掲げる事項の実現を図り，児童に生きる力を育むことを目指すものとする」と述べている。この中に出てくる「第3の1」とは「第3　教育課程の実施と学習評価」の「1　主体的・対話的で深い学びの実現に向けた授業改善」のことであり，「（1）（前略）特に，各教科等において身に付けた知識及び技能を活用したり，思考力，判断力，表現力等や学びに向かう力，人間性等を発揮させたりして，学習の対象となる物事を捉え思考することにより，各教科等の特質に応じた物事を捉える視点や考え方（以下「見方・考え方」という。）が鍛えられていくことに留意し，児童が各教科等の特質に応じた見方・考え方を働かせながら，知識を相互に関連付けてより深く理解したり，情報を精査して考えを形成したり，問題を見いだして解決策を考えたり，思いや考えを基に創造したりすることに向かう過程を重視した学習の充実を図ること」としている。

　これに関連して，2017（平成29）年6月に発表された「小学校学習指導要領解説算数編」（以下，「新学習指導要領解説算数編」）では，「第1章　総説」の「1　改訂の経緯及び基本方針」の「（2）改訂の基本方針」において，「③「主体的・対話的で深い学び」の実現に向けた授業改善の推進」を挙げ，「子供たちが，学習内容を人生や社会の在り方と結び付けて深く理解し，これからの時代に求められる資質・能力を身に付け，生涯にわたって能動的に学び続けることができるようにするためには，これまでの学校教育の蓄積を生かし，学習の質を一層高める授業改善の取組を活性化していくことが必要であり，我が国の優れた教育実践に見られる普遍的な視点である「主体的・対話的で深い学び」の実現に向けた授業改善（アクティブ・ラーニングの視点に立った授業改善）を推進することが求められる」と述べている。

　では，算数教育における「主体的・対話的で深い学び」とは，どのような学び

を指すのだろうか。「新学習指導要領解説算数編」の「第4章　指導計画の作成と内容の取扱い」の「1　指導計画作成上の配慮事項」の「（1）主体的・対話的で深い学びの実現に向けた授業改善」において，次のように述べている。

「算数科では，児童自らが，問題の解決に向けて見通しをもち，粘り強く取り組み，問題解決の過程を振り返り，よりよく解決したり，新たな問いを見いだしたりするなどの『主体的な学び』を実現することが求められる。

また，数学的な表現を柔軟に用いて表現し，それを用いて筋道を立てて説明し合うことで新しい考えを理解したり，それぞれの考えのよさや事柄の本質について話し合うことでよりよい考えに高めたり，事柄の本質を明らかにしたりするなど，自らの考えや集団の考えを広げ深める『対話的な学び』を実現することが求められる。

さらに，日常の事象や数学の事象について，『数学的な見方・考え方』を働かせ，数学的活動を通して，問題を解決するよりよい方法を見いだしたり，意味の理解を深めたり，概念を形成したりするなど，新たな知識・技能を見いだしたり，それらと既習の知識と統合したりして思考や態度が変容する『深い学び』を実現することが求められる」

これら「主体的な学び」，「対話的な学び」，「深い学び」を実現する授業改善が求められているのである。

また，上記第1章1の「（2）改訂の基本方針」において，「その際，以下の6点に留意して取り組むことが重要である」として次の6つを挙げている。

ア　児童生徒に求められる資質・能力を育成することを目指した授業改善の取組は，既に小・中学校を中心に多くの実践が積み重ねられており，特に義務教育段階はこれまで地道に取り組まれ蓄積されてきた実践を否定し，全く異なる指導方法を導入しなければならないと捉える必要はないこと。

イ　授業の方法や技術の改善のみを意図するものではなく，児童生徒に目指す資質・能力を育むために『主体的な学び』，『対話的な学び』，『深い学び』の視点で，授業改善を進めるものであること。

ウ　各教科等において通常行われている学習活動（言語活動，観察・実験，問題解決的な学習など）の質を向上させることを主眼とするものであること。

エ　1回1回の授業で全ての学びが実現されるものではなく，単元や題材など内容や時間のまとまりの中で，学習を見通し振り返る場面をどこに設定するか，グループなどで対話する場面をどこに設定するか，児童生徒が考える場面と教員が教える場面をどのように組み立てるかを考え，実現を図っていくものであること。

オ　深い学びの鍵として『見方・考え方』を働かせることが重要になること。各教科等の『見方・考え方』は，『どのような視点で物事を捉え，どのような考え方で思考していくのか』というその教科等ならではの物事を捉える視点や考え方である。各教科等を学ぶ本質的な意義の中核をなすものであり，教科等の学習と社会をつなぐものであることから，児童生徒が学習や人生に

おいて『見方・考え方』を自在に働かせることができるようにすることにこそ，教師の専門性が発揮されることが求められること。

カ　基礎的・基本的な知識及び技能の習得に課題がある場合には，その確実な習得を図ることを重視すること。

　ここまで，度々「見方・考え方」という言葉が出てくるが，「新学習指導要領解説算数編」では，算数科の学習における「数学的な見方・考え方」を「事象を数量や図形及びそれらの関係などに着目して捉え，根拠を基に筋道を立てて考え，統合的・発展的に考えること」としている。

(2)「主体的・対話的で深い学び」と「アクティブ・ラーニング」

　ここで，「主体的・対話的で深い学び」がどのようにしてキーワードとなったのか紐解いてみたい。

　「主体的・対話的で深い学び」は，当初「**アクティブ・ラーニング**」という言葉で表現されていた。2012（平成24）年8月28日の中央教育審議会答申「新たな未来を築くための大学教育の質的転換に向けて～生涯学び続け，主体的に考える力を育成する大学へ～」では，高等教育におけるアクティブ・ラーニングを「学生が主体的に問題を発見し解を見いだしていく能動的学修」として定義している。しかし，2014（平成26）年11月20日の下村博文文部科学大臣（当時）の中央教育審議会諮問「初等中等教育における教育課程の基準等の在り方について」では，初等中等教育においてもアクティブ・ラーニングを視野に入れることとなり，「課題の発見と解決に向けて主体的・協働的に学ぶ学習」として再定義された。これに対し，同諮問に対する2015（平成27）年8月26日の中央教育審議会教育課程企画特別部会における「論点整理」では，アクティブ・ラーニングの定義を踏襲しつつも，「主体的な学び」「対話的な学び」「深い学び」という3つの視点を，アクティブ・ラーニングの基本的な構成要素として定義している。アクティブ・ラーニングの定義であった「主体的・協働的に学ぶ学習」に加え，「深い学び」という視点が加わったと判断してよいであろう。さらに2016（平成28）年12月21日に発表された中央教育審議会答申「幼稚園，小学校，中学校，高等学校及び特別支援学校の学習指導要領等の改善及び必要な方策等について」でも「『主体的・対話的で深い学び』の実現（『アクティブ・ラーニング』の視点）」という表現となっている。この流れを受けて，2017（平成29）年に発表された「新学習指導要領」には「アクティブ・ラーニング」という表現はみられないが，冒頭でも述べたように「新学習指導要領解説算数編」では「アクティブ・ラーニングの視点に立った授業改善」という表現が使われている。

　このような変遷をみる限り「アクティブ・ラーニング」の考え方が根底に流れていることは間違いない。「アクティブ・ラーニング」や「協働（同）学習」の考え方を理解し取り入れつつ，「主体的・対話的で深い学び」を視点に授業を改善することで，より理想とする授業が構築できると考える。

　「アクティブ・ラーニング」が脚光を浴びた要因は，コンテンツベースからコ

ンピテンシーベースへの教育の転換にある。この転換は，急速なグローバル化が進み，予測不能な新しい時代を生きるために必要な資質・能力の育成を志向する国際的潮流の中で生み出されたと言っても過言ではないだろう。日本の高等教育において「アクティブラーニング」の普及を図った溝上は，「アクティブラーニング」を次のように定義している。

「一方向的な知識伝達型講義を聴くという（受動的）学習を乗り越える意味での，あらゆる能動的な学習のこと。能動的な学習には，書く・話す・発表するなどの活動への関与と，そこに生じる認知プロセスの外化を伴う[1]」

ここでのキーワードは「**認知プロセスの外化**」である。授業改善の視点として「認知プロセスの外化」をどのように行わせるか，ということを考えたい。ただ，溝上の言う「アクティブラーニング」は「主体的な学び」，「対話的な学び」という視点では十分なものの，「深い学び」という視点では十分とは言えなかった。

そこで，松下は建設的批判の意を込めて，「ディープ・アクティブラーニング」を提唱した。松下は「ディープ・アクティブラーニング」を「学生が他者と関わりながら，対象世界を深く学び，これまでの知識や経験と結びつけると同時にこれからの人生につなげていけるような学習[2]」と定義している。

「新学習指導要領解説算数編」に出てくる「アクティブ・ラーニング」は，溝上の「アクティブラーニング」や松下の「ディープ・アクティブラーニング」，そしてそれらを具現化している「協働（同）学習」の考え方を取り入れつつ，定義されたものである。

(3)「主体的・対話的で深い学び」と協働（同）学習

協働（同）学習の技法には，「主体的・対話的で深い学び」の中で，特に「主体的な学び」と「対話的な学び」を実現するために有効に働くものが多い。ここでは，算数教育の中で有効に働く協働（同）学習の技法を中心に，算数教育の中で使いやすいようにアレンジした形で2つ紹介しておく。

「シンク・ペア・シェア」
手順1　1人で考える時間を取る。
手順2　近くの児童とペアにする。
手順3　ペアの児童と考えを共有するために，一方の児童Aが他方の児童Bに自分の考えを説明する。その後，児童Bが児童Aに自分の考えを説明する。お互いの考えが異なる場合には，自分たちの考えがどのように，なぜ異なるのかを話し合わせ，理解させる。また，可能であれば，お互いの考えをもとに2人で1つの結論を考えさせる。

「ラウンド・ロビン」
手順1　児童を4人〜6人のグループにする（理想は4人）。
手順2　司会や記録等の役割を設ける必要があれば，その役割を伝える。

手順3　全員が1度説明したら終了なのか，何度も繰り返すのかを伝える。
手順4　教師が指示した児童から1人ずつ順番に自分の考えを説明する。その際，考えを説明する時間を1人1分としたり，アイデアを1人1つだけとしたりして，量や質に条件を加えるとよい。聞いている児童は説明を妨げたり，制止したりしないように，また出された考えを評価したり，質問したり，話し合ったりすることのないようにする。

「主体的・対話的で深い学び」を行う上で大きな課題となるのは，時間の確保や配分である。児童一人一人に外化させることが重要だとわかっていても，実際にやってみると時間配分がうまくいかず，挫折しそうになる教師が少なくない。その場合，つい陥りがちなのが，自力解決の基本である1人で考える時間を省略し，いきなりペアやグループで考えさせるという方法である。そうするとペアやグループになっても一方的に話を聞くだけになり，協働（同）学習で言うところの「フリーライダー（ただ乗り）」を生み出してしまう。それを防ぐためには，「シンク・ペア・シェア」や「ラウンド・ロビン」等の技法を使うことが有効である。タイマーを使えば，児童自身が時間を有効に使うことを覚えるだろう。45分という限られた授業時間の中で，いかに効果的に「主体的・対話的で深い学び」を実現するかという点において，非常に参考になるはずである。

2．数学的活動の重視

「新学習指導要領」では，「第2章　各教科」の「第3節　算数」の「第1　目標」において，「数学的な見方・考え方を働かせ，**数学的活動**を通して，数学的に考える資質・能力を次のとおり育成することを目指す」と述べている。ここに，数学的活動をいかに重視しているかが表されていると言えよう。

(1) 数学的活動の意義

「新学習指導要領解説算数編」では，「第2章　算数科の目標及び内容」「第2節　算数科の内容」「2　各領域の内容の概観」における〔数学的活動〕の「(1) 数学的活動の指導の意義」において，「数学的活動とは，事象を数理的に捉え，数学の問題を見いだし，問題を自立的，協働的に解決する過程を遂行することである」と定義した上で，「数学的活動においては，単に問題を解決することのみならず，問題解決の結果や過程を振り返って，得られた結果を捉え直したり，新たな問題を見いだしたりして，統合的・発展的に考察を進めていくことが大切である。この活動の様々な局面で，数学的な見方・考え方が働き，その過程を通して数学的に考える資質・能力の育成を図ることができる」としている。

また，「数学的活動は，数学を学ぶための方法であるとともに，数学的活動をすること自体を学ぶという意味で内容でもある。また，その後の学習や日常生活などにおいて数学的活動を生かすことができるようにすることを目指していると

いう意味で，数学的活動は数学を学ぶ目標でもある」としている。「数学的活動」自体が「数学」と言うこともできるということの表れであろう。

(2) 算数的活動から数学的活動へ

数学的活動は，2019（平成31）年度までの『小学校学習指導要領』では20年間にわたり「算数的活動」と呼ばれていた。「新学習指導要領解説算数編」では，その変化の理由を以下のように述べている。

「平成10年告示の学習指導要領における算数科の目標において用語「算数的活動」がはじめて用いられた。平成20年告示学習指導要領では，その意味が「児童が目的意識をもって主体的に取り組む算数に関わりのある様々な活動」と規定されている。そして，基礎的・基本的な知識・技能を確実に身に付けるとともに，数学的な思考力・表現力を高めたり，算数を学ぶことの楽しさや意義を実感したりするために，重要な役割を果たすものと位置づけられている。また，算数的活動を生かした指導を一層充実し，言語活動や体験活動を重視した指導が行われるようにするために，小学校では各学年の内容に，算数的活動を具体的に示している。

今回の改訂では，育成を目指す資質・能力の観点からの目標，内容の検討において，算数・数学に固有の見方や考え方である「数学的な見方・考え方」を働かせた学習を展開するよう内容を整理すること，また学習指導の過程においては，数学的な問題発見や問題解決の過程を重視することが求められている。そこで，数学的な問題発見，問題解決の過程における様々な局面とそこで働かせる数学的な見方・考え方に焦点を当てて算数科における児童の活動を充実するために，用語「算数的活動」を「数学的活動」と改めて，その趣旨を一層徹底することとした」

つまり，「数学的な見方・考え方」を重視して行われる児童の活動は，「算数的」ではなく，十分「数学的」なのだということの表れであろう。

(3) 数学的活動の類型と各学年への位置づけ

「新学習指導要領」では，「第2章 各教科」の「第3節 算数」の「第2 各学年の目標及び内容」において，各学年の内容を示した後にそれぞれ〔数学的活動〕という項目を設け，各学年で取り扱うべき数学的活動を示している。その部分を抜き出して表にまとめると，次の表1-1のようになる。

これをみると，第2学年と第3学年，第4学年と第5学年はそれぞれ同じ文言になっているものの，学年が上がるにつれて数学的活動がグレードアップしていることがわかる。「新学習指導要領解説算数編」では，「『日常の事象から見いだした問題を解決する活動』，『算数の学習場面から見いだした問題を解決する活動』及び『数学的に表現し伝え合う活動』を中核とした活動をそれぞれ下学年のイ，ウ，エ及び上学年のア，イ，ウとして数学的活動に位置付けた」としている。そして，「下学年には，身の回りの事象を観察したり，小学校に固有の具体的な

表 1-1　各学年の数学的活動

学年	数学的活動
1	ア　身の回りの事象を観察したり，具体物を操作したりして，数量や形を見いだす活動 イ　日常生活の問題を具体物などを用いて解決したり結果を確かめたりする活動 ウ　算数の問題を具体物などを用いて解決したり結果を確かめたりする活動 エ　問題解決の過程や結果を，具体物や図などを用いて表現する活動
2・3	ア　身の回りの事象を観察したり，具体物を操作したりして，数量や図形に進んで関わる活動 イ　日常の事象から見いだした算数の問題を，具体物，図，数，式などを用いて解決し，結果を確かめる活動 ウ　算数の学習場面から見いだした算数の問題を，具体物，図，数，式などを用いて解決し，結果を確かめる活動 エ　問題解決の過程や結果を，具体物，図，数，式などを用いて表現し伝え合う活動
4・5	ア　日常の事象から算数の問題を見いだして解決し，結果を確かめたり，日常生活等に生かしたりする活動 イ　算数の学習場面から算数の問題を見いだして解決し，結果を確かめたり，発展的に考察したりする活動 ウ　問題解決の過程や結果を，図や式などを用いて数学的に表現し伝え合う活動
6	ア　日常の事象を数理的に捉え問題を見いだして解決し，解決過程を振り返り，結果や方法を改善したり，日常生活等に生かしたりする活動 イ　算数の学習場面から算数の問題を見いだして解決し，解決過程を振り返り統合的・発展的に考察する活動 ウ　問題解決の過程や結果を，目的に応じて図や式などを用いて数学的に表現し伝え合う活動

操作をしたりすること等を通して，数量や図形を見いだして，それらに進んで関わって行く活動を明確に位置付けることで，小学校における学習に特徴的な数学的活動を重視することとした」としている。この類型に合わせて，「第1学年から中学校第1学年までの数学的活動の類型の一覧」を表1-2として載せておく。

「新学習指導要領」では，数学的活動の取組において配慮することとして，「具体物，図，数，式，表，グラフ相互の関連を図る機会を設けること」や「友達と考えを伝え合うことで学び合ったり，学習の過程と成果を振り返り，よりよく問題解決できたことを実感したりする機会を設けること」を挙げている。これらの配慮事項をみると，数学的活動が図1-1のような学習過程と相互に関連し，「主体的・対話的で深い学び」につながる重要な活動であることがより理解できる。

3．ICTを活用した算数教育

「新学習指導要領」では，「第2章　各教科」の「第3節　算数」の「第3　指導計画の作成と内容の取扱い」において，「2　第2の内容の取扱いについては，次の事項に配慮するものとする」として「（2）数量や図形についての感覚を豊

表 1-2 数学的活動の類型の一覧

	数量や図形を見いだし，進んで関わる活動	日常の事象から見いだした問題を解決する活動	算数の学習場面から見いだした問題を解決する活動	数学的に表現し伝え合う活動
第1学年	身の回りの事象を観察したり，具体物を操作したりして，数量や形を見いだす活動	日常生活の問題を具体物などを用いて解決したり結果を確かめたりする活動	算数の問題を具体物など用いて解決したり結果を確かめたりする活動	問題解決の過程や結果を，具体物や図などを用いて表現する活動
第2学年	身の回りの事象を観察したり，具体物を操作したりして，数量や図形に進んで関わる活動	日常の事象から見いだした算数の問題を，具体物，図，数，式など用いて解決し，結果を確かめる活動	算数の学習場面から見いだした算数の問題を，具体物，図，数，式など用いて解決し，結果を確かめる活動	問題解決の過程や結果を，具体物，図，数，式などを用いて表現し伝え合う活動
第3学年	同上	同上	同上	同上
第4学年		日常の事象から算数の問題を見いだして解決し，結果を確かめたり，日常生活等に生かしたりする活動	算数の学習場面から算数の問題を見いだして解決し，結果を確かめたり，発展的に考察したりする活動	問題解決の過程や結果を，図や式などを用いて数学的に表現し伝え合う活動
第5学年		同上	同上	同上
第6学年		日常の事象を数理的に捉え問題を見いだして解決し，解決過程を振り返り，結果や方法を改善したり，日常生活等に生かしたりする活動	算数の学習場面から算数の問題を見いだして解決し，解決過程を振り返り統合的・発展的に考察する活動	問題解決の過程や結果を，目的に応じて図や式などを用いて数学的に表現し伝え合う活動
（中学校第1学年）		日常の事象を数理的に捉え，数学的に表現・処理し，問題を解決したり，解決の過程や結果を振り返って考察したりする活動	数学の事象から問題を見いだし解決したり，解決の過程や結果を振り返って統合的・発展的に考察したりする活動	数学的な表現を用いて筋道立てて説明し伝え合う活動

出典：文部科学省，小学校学習指導要領解説算数編，2017年

3．ICTを活用した算数教育　9

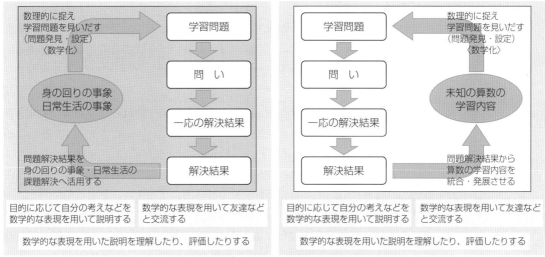

図 1-1　算数・数学の学習過程のイメージ
出典：文部科学省，小学校学習指導要領解説算数編，2017年

かにしたり，表やグラフを用いて表現する力を高めたりするなどのため，必要な場面においてコンピュータなどを適切に活用すること」としている。「新学習指導要領解説算数編」では，「第4章　指導計画の作成と内容の取扱い」の「2　内容の取扱いについての配慮事項」の「（2）コンピュータなどの活用」において，「算数科の指導においては，コンピュータや電卓などを用いて，データなどの情報を処理したり分類整理したり，表やグラフを用いて表現したり，図形を動的に変化させたり，数理的な実験をしたりするなど，それらがもつ機能を効果的に活用することによって，数量や図形についての感覚を豊かにしたり，表現する力を高めたりするような指導の工夫が考えられる」と述べている。

このように，コンピュータをはじめとするICTを活用した算数教育が注目を集めており，様々な活用例や可能性が考えられるが，大きな効果を生む活用として4つ紹介する。

1つ目は，視覚的な提示による児童の理解促進である。映像上の具体物や半具体物を効果的に動かすことにより，数や計算の概念を理解させることができる。また，映像上の図形を伸ばしたり縮めたりすることにより，図形の理解を深めることもできる。これらを行うために有効なのが，電子教科書である。教科書と同じページが画面に映し出されるとともに，コンテンツと呼ばれる機能により様々な操作が可能になる。教師用の電子教科書は電子黒板やプロジェクタと組み合わせて使用し，教師の問題提示や解説の際に使って児童の理解を深めることが多い。児童用の電子教科書はタブレットと組み合わせて使用し，児童が実際に操作して理解を深める際に使われることが多い。

2つ目は，問題解決学習や協働学習における児童の思考力の向上である。そのためには，児童の思考や発言に合わせて，ある程度自由に動かせるソフトがなくてはならない。そのような自由度の高いソフトを開発し用いることにより，児童

の思考力は確実に向上する。

　3つ目は，表やグラフを作成するためのツールとしてのコンピュータの活用である。「新学習指導要領解説算数編」では，「特に，今回の改訂では，統計的な内容を各学年で充実させているが，データを表に整理した後，いろいろなグラフに表すことがコンピュータなどを用いると簡単にできる。目的に応じて適切にグラフの種類や表現を変えることで，結論や主張点がより明確になる。このようなコンピュータなどを用いてグラフを作成するよさに触れることも大切である」と述べている。

　4つ目は，プログラミング学習との関連である。「新学習指導要領」では，「各教科等の特質に応じて，次の学習活動を計画的に実施すること」として「児童がプログラミングを体験しながら，コンピュータに意図した処理を行わせるために必要な論理的思考力を身に付けるための学習活動」を挙げている。「新学習指導要領解説算数編」では，「第1章総則の第3の1の（3）のイに掲げるプログラミングを体験しながら論理的思考力を身に付けるための学習活動を行う場合には，児童の負担に配慮しつつ，例えば第2の各学年の内容の〔第5学年〕の「B図形」の（1）における正多角形の作図を行う学習に関連して，正確な繰り返し作業を行う必要があり，更に一部を変えることでいろいろな正多角形を同様に考えることができる場面などで取り扱うこと」と述べている。また，「『プログラミング的思考』とは，自分が意図する一連の活動を実現するために，どのような動きの組み合わせが必要か，どのように改善していけばより意図した活動に近づくのかということを論理的に考えていく力の一つである」とした上で，正確な繰り返し作業を必要とする正多角形の作図を例に挙げ，「問題の解決には必要な手順があることと，正確な繰り返しが必要な作業をする際にコンピュータを用いるとよいことに気付かせることができる」としている。

　いずれにしても，ICT活用の理想像は，教師と児童，あるいは児童同士が双方向で情報をやりとりできるようになることである。そのためには，児童用の電子教科書やソフトの開発がますます必要になる。先進的な取り組みとしてはデジタルペンを使った授業等もある。

4．カリキュラム・マネジメントに基づく算数教育

　「新学習指導要領」では，「第1章　総則」の「第1　小学校教育の基本と教育課程の役割」において，「4　各学校においては，児童や学校，地域の実態を適切に把握し，教育の目的や目標の実現に必要な教育の内容等を教科等横断的な視点で組み立てていくこと，教育課程の実施状況を評価してその改善を図っていくこと，教育課程の実施に必要な人的又は物的な体制を確保するとともにその改善を図っていくことなどを通して，教育課程に基づき組織的かつ計画的に各学校の教育活動の質の向上を図っていくこと（以下「カリキュラム・マネジメント」という）に努めるものとする」と述べている。

4. カリキュラム・マネジメントに基づく算数教育

　カリキュラム・マネジメントに基づく算数教育を考える際には，何を基にカリキュラムを作っていくのかを明確にしておく必要がある。算数教育の場合，それは間違いなく算数（数学）の系統性である。① 簡単なものから難しいものへ，② 基礎的なものから応用的なものへ，③ 単純なものから複雑なものへと単元をつなげていくことが望ましい。また，算数科の内容は，「A 数と計算」，「B 図形」，「C 測定」（下学年），「C 変化と関係」（上学年），及び「D データの活用」の5つの領域で示されている。「新学習指導要領解説算数編」によると，これらの領域は「小学校における主要な学習の対象，すなわち，数・量・図形に関する内容とそれらの考察の方法を基本とする領域（「A 数と計算」，「B 図形」，「C 測定」），さらに事象の変化や数量の関係の把握と問題解決への利用を含む領域（「C 変化と関係」），不確実な事象の考察とそこで用いられる考え方や手法などを含む領域（「D データの活用」）を，それぞれ設定したもの」である。なお，2019年度までと2020年度からでは領域の設定が変わるので，表1-4を参照してほしい。

　さらに，カリキュラム・マネジメントに基づく算数教育では，異なる単元をどうつなぐか，異なる領域をどうつなぐか，異なる教科をどうつなぐか，ということがポイントになる。そのために，2つの観点を示しておきたい。1つ目の観点は，⑦ 算数科の内容と算数科以外の内容を総合的に学習するのか，④ 算数科の中の領域と領域，もしくは単元と単元を総合的に学習するのか，というものである。⑦を教科の総合，④を領域の総合と呼ぶことにする。2つ目の観点は，⑨ 算数を応用するために総合するのか，⑤ 算数の理論を学習するために総合するのか，というものである。⑨を応用指向，⑤を理論指向と呼ぶことにする。⑦④と⑨⑤の観点を組み合わせると，下の表のように4つのパターンに分類できる。

表1-3　異なる単元，領域，教材をつなぐ観点

	⑨応用指向	⑤理論指向
⑦教科の総合	A 活用型	B 合科型
④領域の総合	C 相関型	D 融合型

表 1-4　小学校算数科における領域構成の見直し

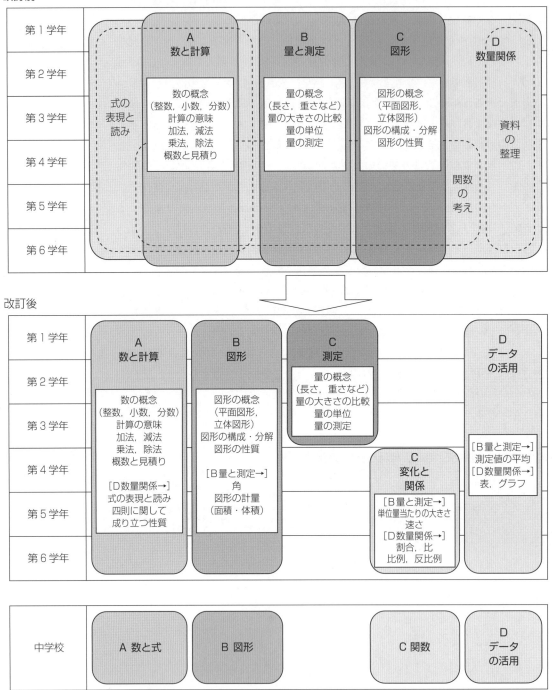

出典：文部科学省，小学校学習指導要領解説算数編，2017 年

5．算数教育のユニバーサルデザイン

　「新学習指導要領」では，「第2章　各教科」の「第3節　算数」の「第3　指導計画の作成と内容の取扱い」において，「1　指導計画の作成に当たっては，次の事項に配慮するものとする」として「（9）障害のある児童などについては，学習活動を行う場合に生じる困難さに応じた指導内容や指導方法の工夫を計画的，組織的に行うこと」を挙げている。

　「新学習指導要領解説算数編」では，「第4章　指導計画の作成と内容の取扱い」の「1　指導計画作成上の配慮事項」の「（5）障害のある児童への指導」において，「障害者の権利に関する条約に掲げられたインクルーシブ教育システムの構築を目指し，児童の自立と社会参加を一層推進していくためには，通常の学級，通級による指導，特別支援学級，特別支援学校において，児童の十分な学びを確保し，一人一人の児童の障害の状態や発達の段階に応じた指導や支援を一層充実させていく必要がある」と述べている。

　「**ユニバーサルデザイン**」とは，アメリカ・ノースカロライナ州立大学のロナルド・メイス教授によって提唱された建築理論である。メイス教授は，「特別な製品や調整なしで，最大限可能な限り，すべての人々に利用しやすい製品，サービス，環境のデザインのことである」と定義している。障害者も健常者も含めた「すべての人に利用しやすい」ということがポイントである。この「ユニバーサルデザイン」の考え方を，教育の中にも取り入れようという動きがある。障害のある児童や発達が遅れている児童にとってわかりやすいということは，他の児童にとってもわかりやすいはずだからである。

　では，「算数教育のユニバーサルデザイン」とは，どのようなものを指すのだろうか。「新学習指導要領解説算数編」では，「例えば，算数科における配慮として，次のようなものが考えられる」として，下の4点を挙げている。

・「商」「等しい」など，児童が日常使用することが少なく，抽象度の高い言葉の理解が困難な場合には，児童が具体的にイメージをもつことができるよう，児童の興味・関心や生活経験に関連の深い題材を取り上げて，既習の言葉や分かる言葉に置き換えるなどの配慮をする。
・文章を読み取り，数量の関係を式を用いて表すことが難しい場合，児童が数量の関係をイメージできるように，児童の経験に基づいた場面や興味ある題材を取り上げたり，場面を具体物を用いて動作化させたり，解決に必要な情報に注目できるよう文章を一部分ごとに示したり，図式化したりすることなどの工夫を行う。
・空間図形のもつ性質を理解することが難しい場合，空間における直線や平面の位置関係をイメージできるように，立体模型で特徴のある部分を触らせるなどしながら，言葉でその特徴を説明したり，見取図や展開図と見比べて位置関係を把握したりするなどの工夫を行う。

・データを目的に応じてグラフに表すことが難しい場合，目的に応じたグラフの表し方があることを理解するために，同じデータについて折れ線グラフの縦軸の幅を変えたグラフに表したり，同じデータを棒グラフや折れ線グラフ，帯グラフなど違うグラフに表したりして見比べることを通して，よりよい表し方に気付くことができるようにする。

この4点に共通するのは，**教材の視覚化**である。言葉だけでは伝わりにくいことは，視覚化することで伝わりやすくなる。

他にも，教師が**スモールステップ**をどの程度理解し，授業中にどの程度意識できるかも大きな要素である。例えば，第1学年「たしざん」で考えてみよう。この単元で学習するたし算ができるためには，以下のようなスモールステップがある。

① 具体物（半具体物）・数詞・数字のマッチングができる。
② 1から20まで数えることができる。
③ 2から5までの数の合成分解ができる。
④ 6から10までの数の合成分解ができる。
⑤ 合併や増加の場面を，加法の場面であると判断できる。
⑥ 加法の場面では，○＋△＝□という式で表すことができる。
⑦ 和が5までの加法ができる（半具体物を使ってできる・暗算でできる）。
⑧ 和が10までの加法ができる（半具体物を使ってできる・暗算でできる）。
⑨ （1位数）＋（1位数）の繰り上がりのある加法を，10の補数を利用して計算できる。
⑩ （1位数）＋（1位数）の繰り上がりのある加法を，暗算で計算できる。

もっと細かいステップも存在するが，児童がどのステップまでできていて，本時ではどのステップまで到達したいのか，その間にはどのようなステップ（つまずきを含む）が存在するのかを，教師がわかっていることが重要になる。また，どのステップで思考力・判断力・表現力をつけるのかも考える必要がある。

ただし，「新学習指導要領解説算数編」では，「その際，算数科の目標や内容の趣旨，学習活動のねらいを踏まえ，学習内容の変更や学習内容の代替を安易に行うことがないよう留意するとともに，児童の学習負担や心理面にも配慮することが必要である」とも述べている。これは，時に「算数教育のユニバーサルデザイン」によって「数量や図形等についての基礎的・基本的な知識及び技能」をわかりやすく伝えることだけに目を奪われ，教師から児童への一方向的な指導を助長してしまう危険性をはらんでいることを示している。「数学的な思考力，判断力，表現力等」や「算数の学びに向かう力，人間性等」を育む上でも効果を発揮する「算数教育のユニバーサルデザイン」でなくてはならない。児童の障害や発達の段階に合わせて，視覚化するものと，あえて視覚化しないものを選択する必要もある。それが時に児童の思考力，判断力，表現力や学びに向かう力を育むのである。

第2章 算数教育の目標

1. なぜ算数を学ぶのか

　「なぜ算数を学ぶのか」という問題については，これまでも歴史の中で繰り返し考えられてきた。一般に，算数・数学を学ぶ価値は「実用的価値，陶冶的価値，文化的価値」の3つの視点からとらえられる。ここでは，まずその3つの視点に関して考察する。さらに，教育の目標も内容も，社会の変化に伴って変わっていく。算数科も同じであるが，しかしその中でも，不断に受け継がれてきた考え方がある。このような観点から，これまでの学習指導要領の算数科の目標に関して考えることとする。

(1) 算数・数学を学ぶ価値
1) 実用的価値
　「実用的価値」とは，「数学は日常生活に役立つ」という価値である。小学校の算数で学んだことは，買い物の際の四則計算，ものの大きさの把握，建物や道路等の形状の理解や立体感覚等，大人になっても日常生活で使っている。また数学は，単に社会生活を送る上で基本となるだけでなく，多くの学問を記述する言語として重要な役割を果たしている。自然科学や工学，社会科学や人文科学でも数学を必要とする。特に，コンピュータの発達とインターネットの普及で高度情報化社会と言われる現代においては，数学の実用的価値は益々大きくなっていると言える。したがって，その内容を習得することは必要不可欠である。しかし，こうした日常生活で必要な算数・数学の学習成果に関しては，あまりに基本的であるために，通常はその必要性が意識されることが少ないようである。

2) 陶冶的価値
　「陶冶的価値」とは，数学を学ぶことによって，精神的特質，論理的な推論，簡潔な表現，統合的にみる見方等，いわゆる数学的な考え方やものの見方が形成されるという価値である。算数・数学を学ぶことは，問題解決の喜びを感得し，人生をより豊かに生きることに寄与するものと考えられる。数学を学習することは，このように人間の精神の形成に影響を与える。しかし，教育現場にあっては，算数・数学教育を通して人間形成を図るとは，一体どのようなことであるのかということについて，そのイメージが共有されているとは言い難い現状がある。

3) 文化的価値
　文化的価値とは，数学がもっている論理的厳密さや完全性の美しさ等，数学そのもののもつ人類の文化としての価値である。数学が形づくられてきた歴史には，

多くの知恵の蓄積がある。例えば，自然数から始まり，整数，有理数，実数，複素数と次々に新しい数を生み出してきたこともその一つである。方程式の項を左辺から右辺に移項すること，文字を使って式を表現すること等，今日では当たり前と思われていることの多くも，実は長い時間にわたる多くの人々の思索の結果である。それらの知恵を追体験しつつ継承することは，人間の素晴らしさを知り，文化を理解することにも役立つ。しかし今日の学校教育においては，このような数学そのもののもつ価値に関してあまり意識されることはないようである。

（2）学習指導要領にみる「算数科の目標」

（1）において大きなとらえとして，算数・数学を学ぶ価値を3つの視点から考えた。初等教育においては，それらの観点に基づいて，学習指導要領における算数教育の目標，内容，方法，評価等が論じられる。そして，それらの背景には，世界観，数学観，教育観等がある。すなわち，算数教育は，このような世界観，数学観，教育観，そして時代との関連で決められるものであると言える。それだけに歴史的な考察は，意味をもつのである。

学習指導要領は，1947（昭和22）年に初めて「試案」として公表されて以降，7回全面改訂を行ってきた。2017（平成29）年に告示された新学習指導要領は，8回目の改訂となる。1951（昭和26）年改訂の学習指導要領（試案）は，我が国で経験主義教育を花開かせたが，それらに対する批判も数多くあった。例えば，「戦前には児童・生徒が常識的に身に付けていたはずの知識が習得されていない」といったものや，「教科の系統性が疎かにされている」等である。問題解決に役立つ知識を，体系に即さずに取り出して学習させる経験主義教育への厳しい批判であった。

こうした課題や要請に対して，1958（昭和33）年に改訂がなされた。これまでの小学校学習指導要領の中で，算数・数学の特質に応じた「見方・考え方」が教科目標に位置づけられたのは，この1958（昭和33）年の改訂時においてである。一般的にこの改訂の意義は，児童生徒が活動を通して知識を学ぶ経験主義教育から，学問や科学の知識を系統的・体系的に理解することを重視する系統主義教育へと転換させたことにあると言われている。評価の観点名としての「数学的な考え方」という言葉もこのとき初めて出され，今日まで定着している。

その後の学習指導要領においても，「数理的な処理のよさ」〔1989（平成元）年改訂〕，「算数的活動の楽しさや数理的な処理のよさ」〔2008（平成20）年改訂〕等，表現を変えながらも算数・数学の特質を学ぶ重要性が指摘されてきている。

日本の今後の算数・数学教育の目標を考えるには，児童・生徒が生きていく日本の社会の将来像を考え，そこにおいて必要とされる算数・数学教育の目標や内容を考える必要があるといえる。

2．日本の算数教育の歴史

1-（2）において，歴史的な考察を行う意義に関して言及したが，日本の今後の算数教育を考える上で，その歴史を知ることは重要である。ここでは，算数教育が，それぞれの時代においてどのような役割や意義を担ってきたのか，歴史上の成り立ちを考察する。

（1）明治以前 ―「和算」の時代―

現在私達が学んでいる数学は，ギリシャに起源をもつ西洋の数学「洋算」である。江戸時代を中心に発展した日本の数学「和算」ではない。西洋の数学が理論によって裏付けられた演繹的な理論体系であるのに対し，東洋の数学は論証抜きの帰納的で直観的な洞察によって支えられている。明治の学制改革で「和算」は廃止され，それ以降，「洋算」だけを教えるようになった。「和算」だけでなく，ギリシャ以前のバビロニアやエジプトの数学も，「和算」の先達である中国の数学も滅びてしまい，現在では，数学と言えば西洋の数学を指すようになった。現在の教育の歴史を考える上からすれば，学制のしかれた明治以降だけを考えれば十分であるが，江戸時代にも藩校や寺子屋において数学教育は行われていた。和算家として著名な関孝和は，『発微算法』という著書を公刊している。そうした和算書の内容や価値を知ることも，数学を学ぶ者の興味・関心を呼ぶところである。

（2）明治の学制から昭和初期まで ―算数科教育の確立―

1）明治の学制

日本における学校教育制度のはじまりは，1872（明治5）年の学制にある。このときに現在の算数に当たる教科「**算術**」が定められた。西洋の先進的な科学技術を取り入れ，近代国家の構築を目指した政府は，西洋式の算数を取り入れることになり，アラビア数字による数表記や十進位取り記数法に基づく筆算等の指導が始まった。

この新しい教育のために，アメリカ人のスコット（M.M. Scott）やマレー（D. Murray）が師範学校に招かれ，新しい教授法を伝授して新時代の教員養成を行うとともに，教科書「小学算術書」も編集された。教科書の中では，旗，桃，傘等の絵を使うことにより，具体物を通して直観的に数を把握できるように意図されていた。また，「数字図」「算用数字図」「加算九九図」「乗算九九図」等の掛け図を利用して，一人の教師が多くの児童を教える一斉指導法が紹介された。

その後，我が国の数学教育は直観的アメリカ流から，菊池大麓・藤沢利喜太郎らによる理論重視のヨーロッパ流数学教育へと大きく転回することになる。1900（明治33）年に公布された「小学校令施行規則」には，「算術ハ日常ノ計算ニ習熟セシメ生活上必須ナル知識ヲ与ヘ兼テ思考ヲ精確ナラシムルヲ以テ要旨トス」

という記述がある。これは，鍛練によって知性を磨くという形式陶冶重視の考えでありその後40年以上にわたり算数教育の指導精神となった。さらに，教科書疑獄事件を契機として1903（明治36）年，教科書国定制度が制定され，1905（明治38）年には我が国初の国定教科書として『尋常小学算術書』（**黒表紙教科書**）が登場し，1935（昭和10）年まで30年にわたって使用された（写真2-1）。この教科書の特徴は，藤沢の「**数え主義**」を採用し，四則計算と度量衡を主な指導内容としたことであった。

写真2-1　黒表紙教科書

2）大正期の欧米「数学教育改良運動」の影響

この時代，欧米では数学教育改良運動が起こる。イギリスのペリー（J. Perry）やアメリカのムーア（E.H. Moore）らは，従来の数学教育が児童の発達や生活を考慮していないことを指摘し，関数概念の重要性や実験実測に基づいた数学教育を提唱した。こうした主張の影響が日本にもたらされたのは，大正期である。

大正期には，自由主義・児童中心主義に立脚した教育が模索され，師範学校の附属小学校や私立学校において「発生的方法」「作問主義」「生活算術」等新しい取り組みが行われるようになった。これらの新しい教育は，児童を中心にし，具体的な事実や生活を重んじるものである。このような取り組みは，抽象的・論理的で理解しにくいと感じて，算数・数学に興味をもてない児童をどうするかという問題に挑んだものであるといえる。新算術教育の運動は，現在の「算数・数学離れ」の児童に対する教育についても参考となるものがあるように思う。

3）昭和初期の国定教科書

こうした取り組みを受け，1935（昭和10）年には国定教科書が抜本的に改訂され，『尋常小学算術』（**緑表紙教科書**）が発行された（写真2-2）。「**数理思想の開発**」を唱えた塩野直道が編纂したこの教科書には，現在の算数に近い数理思想が目的として示され，内容も図形や代数的手法，関数的な見方等が加わった。多色刷りの極めて親しみやすい教科書で，黒表紙教科書以上に高度な内容を扱っていたにもかかわらず，挿し絵，表，グラフ等といった視覚的にとらえる部分を増やす等，画期的な工夫がなされていた。しかしわずか6年間使用されたのち第二次世界大戦下となり，尋常小学校が国民学校となったため，1941（昭和16）年に教科書も改訂され，『カズノホン』一〜四（小学校1，2年），『初等科算数』一〜八

写真2-2　緑表紙教科書

写真2-3　水色（青色）表紙教科書

（小学校3～6年）となった。いわゆる「**水色（青色）表紙教科書**」である（写真2-3）。内容的には緑表紙教科書と大差ないが，挿し絵に戦車や飛行機等が用いられているのが特徴的である。

（3）第二次大戦後 ―生活単元学習から系統的学習へ―

1）生活単元学習

　1945（昭和20）年8月に戦争は終わった。敗戦とともに，戦争中の教科書の中から不適当な部分，「国防軍備等ヲ強調セル教材」「戦意昂揚ニ関スル教材」「国際ノ和親ヲ妨ゲル慮アル教材」等を黒く墨で塗りつぶした「墨塗り教科書」によって授業は再開された。翌1946（昭和21）年には，アメリカから教育使節団が招かれ，新しい民主教育の提案がなされた。さらに1947（昭和22）年に「教育基本法」及び「学校教育法」が制定され，新制度の小学校6年，中学校3年の6・3制が発足，この9年間を義務教育とした。それと同時に「学習指導要領」（試案）が発行され，算数の授業時数は，国民学校の時に比べ週2時間近く減少した。小学校の算数科及び中学校の数学科の目的は，「日常の色々な現象に即して，数・量・形の観念を明らかにし，現象を考察処理する能力と科学的な生活態度を養うこと」であるとされた。緑表紙や水色表紙教科書のときのような「数理思想」という言葉が消え，「科学的な生活態度」に変わった。教科書に関しては検定教科書制度を取り入れ，その後改訂された1951（昭和26）年の学習指導要領（試案）は，後に「生活単元学習の学習指導要領」と呼ばれるようになった。

　生活単元学習は，アメリカのデューイ（J. Dewey）の思想を受け，児童の身近な生活問題を取り上げ，生活経験を中心に学習を展開することによって，興味や関心をもって積極的に学習に取り組めるようにすることをねらいとしていた。また，そのような学習を通して，児童の自主性，計画性や協力的な学習態度を育てることも目的としていた。しかし，生活単元学習においては，ややもすると生活経験に振り回されて数理の系統や理論が疎かにされ，指導の焦点があいまいになり，知識や技能を系統的・組織的に習得することができないため，算数・数学で育成すべき基礎学力が低下するという批判を生むことになった。

2）系統的学習

　この学力低下の批判を受け，1958（昭和33）年に新しい小学校学習指導要領が告示された。ここでは，国の教育基準として目標・指導内容・指導計画作成及び学習指導の方針が示され，系統性の重んじられる内容となった。算数においては，1-（2）で記述したように，「数学的な考え方」という用語が示されているが，当時は系統学習への関心が強かったため，あまり注目されなかった。しかし，系統学習は，「算数・数学嫌い」の児童たちを増加させた。内容としての系統性と，算数・数学を学ぶ児童の認識発達の系統性とをどのように統一して学習指導を組織，展開していくかということが，今後の系統学習ひいては算数・数学教育の大きな課題として，今日まで続いているといえよう。

（4）数学教育の現代化

1）海外における数学教育の「現代化」

　日本において，戦後の混乱の中から模索された「生活単元学習」から「系統的学習」へと役割交換が起こった頃，すでに世界情勢は新たな展開を呈していた。1950（昭和25）年に，ヨーロッパの各国から数学者，心理学者，数学教育学者らが集って国際数学教育改善委員会が設立され，数学教育の現代化の運動が起こっていた。第二次世界大戦により，科学技術が飛躍的に発展し，さらに，経済や産業復興のために数学を軸とした科学教育に対する要請が高まってきたからであった。

　けれども，実際にその必要性が各国に認識され，それに向かって研究や実験が強力に推進されたのは，1957（昭和32）年のスプートニク・ショックであるとされている。この頃政治的には，アメリカ等の西側資本主義国家とソビエト連邦等の東側社会主義国家との冷戦の時代であった。こうした状況の下で，ソ連が人工衛星スプートニクの打ち上げに成功した。これは，西側諸国の科学技術の遅れを露呈したものとなり，これを契機に西側諸国では数学と理科の改革を進め，学術や社会の発展を学校教育にも反映させたのであった。そのように，科学・技術革新を起こしてソ連に追いつけ追い越せという時代的要請のもと，そこにブルーナー（J.S. Bruner）の『教育の過程』の影響もあり，特に数学・自然科学教育のカリキュラムを改造する運動が急速に全米に広がっていった。これが「教育内容の現代化」である。

2）日本への影響

　日本の算数・数学教育もこの運動の影響を受け，1968（昭和43）年の学習指導要領の改訂では，大幅に指導内容が増加した。集合・関数・確率等が指導内容に含まれることとなり，統合的・発展的に考えることが重視されるようになった。しかし，こうした高度な数学的概念の指導は，形式的な指導に陥る場合が多く，現代化によって期待された成果を挙げることができなかった。「新幹線授業」「落ちこぼれ」等の流行語を生み，数学嫌いや理解の困難な児童・生徒を大量に生じさせたとの批判を生み出すこととなった。それにより，現代化の学習指導要領へと全面実施された1972（昭和47）年から，わずか3年足らずで軌道修正が行われることになった。

＜1968（昭和43）年の算数科の目標＞

　日常の事象を数理的にとらえ，筋道を立てて考え，統合的，発展的に考察し，処理する能力と態度を育てる。

　このため，

1　数量や図形に関する基礎的な概念や原理を理解させ，より進んだ数学的な考え方や処理のしかたを生み出すことができるようにする。

2　数量や図形に関する基礎的な知識の習得と基礎的な技能の習熟を図り，それらが的確かつ能率よく用いられるようにする。

3　数学的な用語や記号を用いることの意義について理解させ，それらを用いて，簡潔，明確に表わしたり考えたりすることができるようにする。
4　事象の考察に際して，数量的な観点から，適切な見通しをもち，筋道を立てて考えるとともに，目的に照して結果を検討し処理することができるようにする。

(5) 新学習指導要領に向けての動き ―「ゆとり」から「生きる力」へ―

1) 基礎・基本の重視と「ゆとり教育」

1977（昭和52）年には，「ゆとりと充実」を基本方針として，指導内容の精選，基礎・基本の重視を目指す学習指導要領へと改訂された。

＜1977（昭和52）年の算数科の目標＞
数量や図形について基礎的な知識と技能を身につけ，日常の事象を数理的にとらえ，筋道を立てて考え，処理する能力と態度を育てる。

算数科の目標も，1968（昭和43）年のように総括目標と具体目標を示すのではなく，簡単なものとなった。

2)「自己教育力」の育成

1989（平成元）年の改訂においては，情報化等社会の変化に主体的に対応できる能力や基礎的な資質の育成を図ることが基本方針となる。また，1983（昭和58）年の中央教育審議会で，教育改革の基本方針の1つとして「自己教育力の育成」が提唱されたことを受け，算数の目標の中に「数理的処理のよさ」「見通す力」が打ち出される。前回の改訂に比べて，十分に活用できるようにすることが重視されるようになった。

＜1989（平成元）年の算数科の目標＞
数量や図形についての基礎的な知識と技能を身に付け，日常の事象について見通しをもち筋道を立てて考える能力を育てるとともに，数理的な処理のよさが分かり，進んで生活に生かそうとする態度を育てる。

3) 新しい学力観としての「生きる力」

1998（平成10）年の改訂においては，21世紀を主体的に生き抜くための「生きる力」の育成が基本方針として提言される。それを受けて，算数の目標では，「算数的活動を通して」と「活動の楽しさや数理的な処理のよさに気付き」という文言が加わった。児童が，これまでに学習したこと等を基にしながら，自分で工夫して問題を解決したり，新しい考え方や処理の仕方を生み出したりできるようにすることが大切になってくる。つまり，ゆとりの中で基礎・基本の確実な定着を図りながら，児童の主体的な活動を重視し，楽しさと充実感のある学習が求

められるようになり，教師にとっては，かなりハードルの高い目標であった。

> **＜1998（平成10）年の算数科の目標＞**
> 　数量や図形についての算数的活動を通して，基礎的な知識と技能を身に付け，日常の事象について見通しをもち筋道を立てて考える能力を育てるとともに，活動の楽しさや数理的な処理のよさに気付き，進んで生活に生かそうとする態度を育てる。

4）2008（平成20）年の学習指導要領の改訂

　2008（平成20）年の改訂では，21世紀社会においてこれまで以上に知識基盤社会化が進み，益々「生きる力」が必要となると考えられることから，基本方針として「生きる力」が再び掲げられた。また，科学技術の世界的な進展に伴う我が国の国力の基礎としての人材及び人類社会の持続可能な発展のための人材が求められるという社会的背景のもと，「理数教育の充実」が掲げられ，「内容の系統性を重視しつつ，学年間や学校段階で内容の一部を重複させて，発達や学年の段階に応じた反復（スパイラル）による教育課程を編成できるようにする」とされた。

　算数科の目標においては，「算数的活動を通して」という文言が目標のはじめに位置づけられた。これは，算数的活動の一層の充実が求められていることを示している。そのために，各学年の内容において具体的な算数的活動が示された。また，問題を解決したり判断したり推論したりする過程において，見通しをもち筋道を立てて考えたり表現したりする力や，習得した知識・技能を活用する力を高めることが重要なねらいであることが示された。

> **＜2008（平成20）年の算数科の目標＞**
> 　算数的活動を通して，数量や図形についての基礎的・基本的な知識及び技能を身に付け，日常の事象について見通しをもち筋道を立てて考え，表現する能力を育てるとともに，算数的活動の楽しさや数理的な処理のよさに気付き，進んで生活や学習に活用しようとする態度を育てる。

　これまでの算数教育の変遷を的確に把握し，将来の社会を見据えてこれまで得た知見を生かしながら，今後の算数科教育の目標や内容を考えていく必要がある。

3．新学習指導要領と算数科の目標

（1）学習指導要領の改訂のねらいと背景

　2014（平成26）年11月，文部科学大臣より中央教育審議会に対して諮問「初等中等教育における教育課程の基準等の在り方について」が行われ，新たに教育課程企画特別部会にて検討が開始された。変化の予測が困難なこれからの時代を

生きていく子どもたちには，自立した人間として自らの人生を主体的に切り拓き，他者と協働しながら，よりよい社会を創造していくことができる力が求められる。そうした力をどう育てていくか，そのための学校教育の在り方とはが問われ，このような課題に答えるような新しい学習指導要領が求められた。

2015（平成27）年8月，改訂の基本的方向性として，「教育課程企画特別部会論点整理」（以下「論点整理」という）がとりまとめられた。これまでの改訂で，このような「論点整理」という形でパブリックコメントが求められることはなかった。今回の改訂で，それだけ教育観の転換を求められていたことがうかがわれる。

2016（平成28）年12月の中央教育審議会答申を踏まえて，2017（平成29）年3月31日，新学習指導要領が告示された。そこでは学校教育法第30条第2項が定める学校教育において重視すべき「学力の3要素」を踏まえ，新学習指導要領が目指す「資質・能力」が，次の3つの柱として整理された。

> ⅰ）何を理解しているか，何ができるか（生きて働く「知識・技能」の習得）
> ⅱ）理解していること・できることをどう使うか（未知の状況にも対応できる「思考力・判断力・表現力等」の育成）
> ⅲ）どのように社会・世界と関わり，よりよい人生を送るか（学びを人生や社会に生かそうとする「学びに向かう力・人間性等」の涵養）

(2) 主体的・対話的で深い学び

今回の改訂にあたっては，双方向型の学習を意味する「アクティブ・ラーニング（能動的学習）」の導入が話題となった。結局言葉の上では異なる表現となったが，新学習指導要領の「第1章　総則」の「第3　教育課程の実施と学習評価」において，上記3つの柱が偏りなく実現されるよう，「児童の主体的・対話的で深い学びの実現に向けた授業改善を行うこと」とされた。ただし，これは特定の技法を指すものではなく，児童にいかに主体的な思考・表現活動を促すかという授業の在り方が問われていると考えなければならない。

算数の学習においては，「数学的な見方・考え方」を働かせながら，知識及び技能を習得したり，習得した知識及び技能を活用して課題を探究したりすることにより，生きて働く知識の習得が図られ，技能の習熟にもつながるとともに，日常の事象の課題を解決するための思考力，判断力，表現力等が育成される。こうした「主体的・対話的で深い学び」により，数学的に考える資質・能力がさらに育成されていくと考えられる。

(3) 算数科の目標

各教科等の目標では，児童が各教科等の特質に応じた物事をとらえる見方や考え方を働かせながら，目標に示す資質・能力の育成を目指すことが示された。

> **＜ 2017（平成 29）年の算数科の目標[1]＞**
>
> 　数学的な見方・考え方を働かせ，数学的活動を通して，数学的に考える資質・能力を次のとおり育成することを目指す。
> （1） 数量や図形などについての基礎的・基本的な概念や性質などを理解するとともに，日常の事象を数理的に処理する技能を身に付けるようにする。
> （2） 日常の事象を数理的に捉え見通しをもち筋道を立てて考察する力，基礎的・基本的な数量や図形の性質などを見いだし統合的・発展的に考察する力，数学的な表現を用いて事象を簡潔・明瞭・的確に表したり目的に応じて柔軟に表したりする力を養う。
> （3） 数学的活動の楽しさや数学のよさに気付き，学習を振り返ってよりよく問題解決しようとする態度，算数で学んだことを生活や学習に活用しようとする態度を養う。

　「見方・考え方」という概念自体は新しいものではなく，これまでの学習指導要領の中で，教科目標に位置付けられたり，評価の観点名として用いられたりしてきた。今回，小学校算数科において育成を目指す資質・能力の3つの柱を明確化したことにより，「数学的な見方・考え方」は，算数の学習において，どのような視点で物事をとらえ，どのような考え方で思考をしていくのかという，物事の特徴や本質をとらえる視点や，思考の進め方や方向性を意味することとなった。

　また，冒頭に「数学的活動」という言葉が置かれているのが目につく。これまでは「算数的活動」と言われていたが，小学校算数における帰納的・演繹的・類推的な推論に基づく活動が，すでに十分数学的であるとの認識による変更である。ただし，名称が変更しただけではなく，「事象を数理的に捉えて，算数の問題を見いだし，問題を自立的，協働的に解決する過程のことである」とされた。

　「算数・数学ワーキンググループ」では，（図2-1）が示すように，この数学的に問題解決する過程と，「問題解決の結果や過程を振り返って，得られた結果を捉え直したり，新たな問題を見いだしたりして，統合的・発展的に考察を進めていく」という2つのサイクルが相互に関わり合って展開すると考えられている。

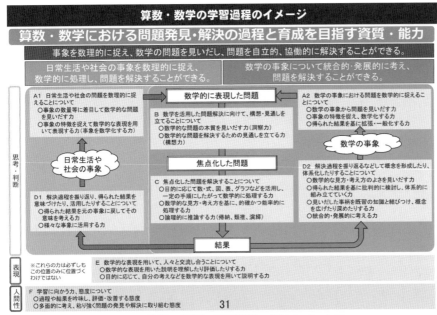

図2-1 算数・数学の問題発見・解決のプロセス
出典:文部科学省,算数・数学ワーキンググループ資料

(4)「学力の3要素」にしたがった項目分け

そのあとに列挙される3つの項目は,「学力の3要素」にしたがって内容が分けられており,各学年の目標も同様の記述となっているのが,従来の学習指導要領と大きく異なる点である。各項目について簡単にみてみよう。

1)「知識・技能」の習得

「3つの柱」の第1に対応して,基礎的・基本的な概念や性質等の「理解」が位置づけられている。単に「知識」として知っているだけでなく,わかることを通して生きて働く知識としての定着することをねらいとしている。

2)「思考力・判断力・表現力等」の育成

「3つの柱」の第2に挙げられたそれぞれの力に対応して,算数科で求められる力が具体的に述べられている。

3)「学びに向かう力・人間性等」の涵養

「3つの柱」の第3に対応して,これまで重視されてきた点に加え,「学習を振り返ってよりよく問題解決しようとする態度」が明示された。

以上のような資質・能力を育成するには,これまでの算数教育の理論を踏まえつつ,教材開発・単元構成や授業構成について,現代の児童を取り巻く状況に合わせて検討していくことが重要である。

第3章 「A 数と計算」の指導

1.「A 数と計算」の指導内容

数学的な見方・考え方	・数の表し方の仕組み，数量の関係や問題場面の数量の関係などに着目して捉え，根拠を基に筋道を立てて考えたり，統合的・発展的に考えたりすること			
	数の概念について理解し，その表し方や数の性質について考察すること	計算の意味と方法について考察すること	式に表したり式に表されている関係を考察したりすること	数とその計算を日常生活に生かすこと
第1学年	・2位数，簡単な3位数の比べ方や数え方	・加法及び減法の意味 ・1位数や簡単な2位数の加法及び減法	・加法及び減法の場面の式表現・式読み	・数の活用 ・加法，減法の活用
第2学年	・4位数，1万の比べ方や数え方 ・数の相対的な大きさ ・簡単な分数	・乗法の意味 ・2位数や簡単な3位数の加法及び減法 ・乗法九九，簡単な2位数の乗法 ・加法の交換法則，結合法則 ・乗法の交換法則など ・加法及び減法の結果の見積り ・計算の工夫や確かめ	・乗法の場面の式表現・式読み ・加法と減法の相互関係 ・( )や□を用いた式	・大きな数の活用 ・乗法の活用
第3学年	・万の単位，1億などの比べ方や表し方 ・大きな数の相対的な大きさ ・小数（$\frac{1}{10}$の位）や簡単な分数の大きさの比較可能性・計算可能性	・除法の意味 ・3位数や4位数の加法及び減法 ・2位数や3位数の乗法 ・1位数などの除法 ・除法と乗法や減法との関係 ・小数（$\frac{1}{10}$の位）の加法及び減法 ・簡単な分数の加法及び減法 ・交換法則，結合法則，分配法則 ・加法，減法及び乗法の結果の見積り ・計算の工夫や確かめ ・そろばんによる計算	・除法の場面の式表現・式読み ・図及び式による表現・関連付け ・□を用いた式	・大きな数，小数，分数の活用 ・除法の活用

第4学年	・億，兆の単位などの比べ方や表し方（統合的） ・目的に合った数の処理 ・小数の相対的な大きさ ・分数（真分数，仮分数，帯分数）とその大きさの相等	・小数を用いた倍の意味 ・2位数などによる除法 ・小数（$\frac{1}{100}$の位など）の加法及び減法 ・小数の乗法及び除法（小数×整数，小数÷整数） ・同分母分数の加法及び減法 ・交換法則，結合法則，分配法則 ・除法に関して成り立つ性質 ・四則計算の結果の見積り ・計算の工夫や確かめ ・そろばんによる計算	・四則混合の式や（ ）を用いた式表現・式読み ・公式についての考え ・□，△などを用いた式表現など（簡潔・一般的）	・大きな数の活用 ・目的に合った数の処理の仕方の活用 ・小数や分数の計算の活用
第5学年	・観点を決めることによる整数の類別や数の構成 ・数の相対的な大きさの考察 ・分数の相等及び大小関係 ・分数と整数，小数の関係 ・除法の結果の分数による表現	・乗法及び除法の意味の拡張（小数） ・小数の乗法及び除法（小数×小数，小数÷小数） ・異分母分数の加法及び減法	・数量の関係を表す式（簡潔・一般的）	・整数の類別などの活用 ・小数の計算の活用
第6学年		・乗法及び除法の適用範囲の拡張（分数） ・分数の乗法及び除法（多面的） ・分数・小数の混合計算（統合的）	・文字 a, x などを用いた式表現・式読みなど（簡潔・一般的）	

2．数の概念と表現の指導

(1) 数概念

　人間の祖先が原始生活をしていたころ，数のとらえ方は，せいぜい3種類で，「1つ」か，「2つ」か，3つ以上を表す「たくさん」であったと考えられている。そして，それらに対応する数のことばである**数詞**が生まれたとされる。やがて少しずつ進歩して，3つ以上を区別する数詞も生まれると，もう少し詳しい個数を言うことができるようになった。数詞がたくさんになると，数詞を1つずつ身体の部位等に対応づけることにより，それらの順序や大小を把握したと推測される。こうして古代人は生活に必要な程度にものの個数を数えることができるようになるが，その次には，数えた結果を記録するための書き方が生まれてくる。

　以上のように，人類が初めに数というものをとらえる過程においては，数える対象（もの），ことば（数詞），書き方（**数字**）の3つがあったと考えられる。

　現代において，児童が数概念を獲得するのも，これと似ているところがある。

例えば，3という数についても，
・「3個ある具体物」
・「さん」ということば
・「3」という書き方

の3つがあり，数としての3を理解しているというのは，「もの」と「数詞」と「数字」が三者一体となった状況である（図3-1）。

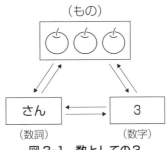
図3-1　数としての3

1）1対1対応

2つの集合 X, Y において，集合 X のすべての要素に集合 Y の要素を1つずつ対応させることを考える。このときの対応のさせ方で，

① X の異なる要素に対して Y の異なる要素が対応する。すなわち，X からの行き先に重なりが生じない。

② Y のすべての要素に対して X の要素が存在する。すなわち，X からの行き先に余りが生じない。

という2つの条件を満たすものを**1対1対応**と呼ぶ。

例として，$X=\{a, b, c\}$，$Y=\{d, e, f\}$ において，X から Y へそれぞれの要素を対応させるとき，その対応のさせ方はいくつもあるが，例えば，$a \to d$，$b \to e$，$c \to f$ のような対応を考える。このとき，X の異なる要素に対して Y の異なる要素が対応しており，また Y に余りも生じないので，この対応は1対1対応である。

この例のように，X から Y への1対1対応があるとき，X と Y の要素の個数は同じとなる。ものの個数を数えるときも1対1対応が使われており，数える対象に「いち，に，さん」という数詞を1対1対応させて数えている。

ただし，ものの個数の大小や相等は，それらの個数を数えずに1対1対応をつけることだけでも判断できる。

2）集合数と順序数

ものの個数を数えるときには，**自然数**を用いる。自然数は，1から始まり2, 3, 4, …と限りなく続く数であり，ものの個数や順序を表すために用いられる。自然数はその働きによって，次のように大きく2つに分けられる。

① **集合数（基数）**

ものの個数を表すために用いられる自然数を**集合数**，または**基数**という。ものの個数を数えようとするとき，数える対象1つ1つに自然数「1, 2, 3, …」を順に1対1対応させて，最後の数で，ものの個数（集合の要素の数）を表す。

② **順序数（序数）**

ものの順番や順序を表すために用いられる自然数を**順序数**，または**序数**という。ものの順番を調べようとするとき，その対象に自然数を順に1対1対応させていき，その対応する数によって順番を知ることができる。最後の順番を表す数は個数を表す集合数と一致する。

(2) 記数法と命数法

数の表し方には，物で表す方法，音声（数詞）で表す方法，書いて表す方法の3通りがある。

- 物で表す方法は，小石や貝殻等の具体的な物や縄の結び目等に1対1対応をつけて数を把握する方法である。
- 音声で表す方法は，数に「いち」，「に」，「さん」等の呼び名（数詞）を与える方法である。数詞を組み合わせて数の唱え方をきめる方法を**命数法**という。
- 書いて表す方法は，「1」，「2」，「3」等の数字（記号）を用いて表す方法で，その方法を**記数法**という。

1）記数法の歴史

記数法の発展において，知られている最も古い数字は，およそ5000年前のエジプトやバビロニアのものである。これらの数字は，縦の棒を並べてその個数で数を表すことが基本となっているが，10個集まったら別の数字を用い，二十，三十等は，十の数字をその数だけ並べて表す。このように，10のようなまとまりができたら新たに別の数字で表すことは，記数法において便利な手段である。さらに，1を表す縦の棒を並べるだけでは，8や9等の表記は非常に煩わしいため，5を別の数字で表す仕方も生まれてくる。古代ローマ時代から現在までも使われているローマ数字等はその例である（図3-2）。

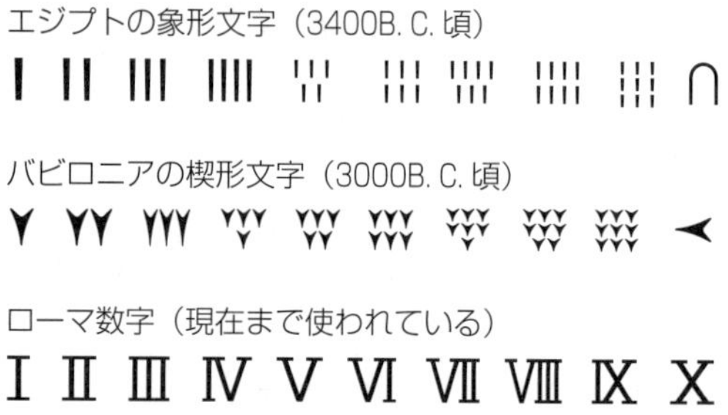

エジプトの象形文字（3400B.C.頃）

バビロニアの楔形文字（3000B.C.頃）

ローマ数字（現在まで使われている）
I Ⅱ Ⅲ Ⅳ Ⅴ Ⅵ Ⅶ Ⅷ Ⅸ Ⅹ

図3-2 古代の数字

これら古代の記数法の特徴は，ある大きさを表す数字を並べて書いて，それらの和によって1つの数を表している。つまり加法的に表記されており，これを**加法原理**という。例えば26をローマ数字で表すと，XXVIであるが，これは，X＋X＋V＋I＝10＋10＋5＋1なのである。

ある個数ずつまとめて考えるときのその個数を底という。底を決めるとそれをもとに単位ができる。例えば，我々が日常生活で使っている10進法では，10が底である。1を1次単位として，1が10個まとまった10を2次単位，10が10個まとまった100を3次の単位というふうに単位の列をつくっておくと，321は「100が3つと10が2つと1が1つ」というように，各単位を集めたものの合計として表すことができる。

以上を踏まえた上で，「321」という数を例にして，我々になじみのある漢数字を使って記数法の歴史の説明をするとしたら次の①〜③のような順で発展したと考えられる。

① 単純な加法原理による記数法では，「百百百十十一」となる。

この方法では，1〜9を表す数字と10のまとまりでつくる単位を表す数字

をつくる。数の大きさは，使われた数字の合計となる。エジプトの象形文字やバビロニアの楔形文字はこのタイプの記数法である。

② 実際の漢数字では単位の個数を単位の前につけて，「三百二十一」と表す。

これは，全体としては加法原理であるが，乗法を併用した記数法で，つまり「三 × 百 + 二 × 十 + 一」を意味している。

これら①②の記数法は，ともに単位となる数字（十，百，千，万，…）が必ず明記されることから，数が大きくなると，それにしたがって大きな単位を表す新しい数字が必要になるという欠点がある。

③ 位取り記数法では，「三二一」となる。

この方法では単位を明記せず，単位が位置によって決まる「**位取りの原理**」を用いる。ただし，ある単位の大きさ（位）の数が存在しないとき，それを示す数字（記号）が必要で，それが「**空位の 0**」である。

位取り記数法になって，先の①，②の記数法の欠点が解消され，単位がいくつあるかを示すのに必要な 1 桁の数字だけでどんな大きな数でも表記できるようになった。また位取り記数法では，整数だけでなく小数を表すことができる。現在においては，最も洗練された記数法として十進位取り記数法等が使われている。

2）十進位取り記数法

数を表すとき，単位が 10 集まるごとに新しい単位を決めて表す方法を**十進法**という。そこに単位の大きさを数字（記号）ではなく位置によって示す「位取りの原理」を取り入れた記数法が**十進位取り記数法**である。

一般に十進法で数 a は，10 を底としているので次のように表せる。

$$a = r_n \times 10^n + r_{n-1} \times 10^{n-1} + \cdots + r_2 \times 10^2 + r_1 \times 10^1 + r_0 \quad (1)$$
$$= r_n r_{n-1} \cdots r_2 r_1 r_0 \quad (2)$$

ここで，r_i（$i = 0, 1, \cdots, n$）は 10 より小さく，0 〜 9 のいずれかである。ただし，最初の数字となる r_n だけは 0 にならない。また，各 i において，$r_i = 0$ になるのは，その位置の単位の大きさが存在しないことを表す。（1）は，数詞の構成方法を示した命数法による表現であり，（2）は，「位取りの原理」を取り入れた記数法による表現であるともいえる。

十進位取り記数法は，「位取りの原理」を用いていることから，以下のよさがある。

・十個（0 〜 9）の数字（記号）だけを使ってどんな大きな数でも表現できる。
・数の大小についての判断が簡単にできる。
・筆算形式による四則計算ができる。
・整数だけでなく小数も表記できる。

しかし，26 という数を，「にじゅうろく」という命数法の表現に影響され，「206」と間違った表記をする児童が実際にいることからも，子どもにとっては必ずしも容易に理解できる記数法ではない。このことは十分に注意すべきことである。大人でも，例えば●●●の個数を二進位取り記数法で「11」と表記することは，慣れていなければ必ずしも容易であるとはいえない（図 3-3）。

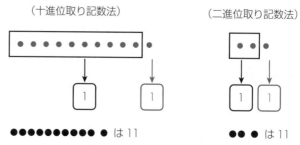

図3-3　位取り記数法の「11」

（3）演　算

1）演算の意味と四則演算

① 演算とは

　算数で扱う演算は，加法，減法，乗法，除法の四則演算であるが，これらの演算は数学的には二項演算である。二項演算とは，数の集合をAとすると，直積集合$A \times A$から集合Aへの写像f（$f: A \times A \to A$）のことである。しかしこれでは抽象的過ぎるので，もう少し詳しく説明しよう。数の集合Aから2つの要素a, bを取り出して，それらの対(a, b)をつくるとき，その全体を要素とするような新しい集合を，集合Aと集合Aの直積集合といい，$A \times A$で表す。この対を集合Aの1つの要素に対応させる写像が二項演算である。つまり二項演算とは，2つの数の組(a, b)に対して新しい数cを対応させるはたらきのことである。

　例えば，加法$5+4=9$とは，「5と4という2つの数の対$(5, 4)$があり，これを"+"というはたらきで関係付けると，9という数がただ1つ決まる」ということである（図3-4）。

　算数で扱うのは，"+"，"−"，"×"，"÷"という4つのはたらきで，それを**四則演算**という。

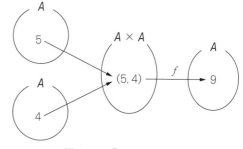

図3-4　「5+4」の写像

② 演算の2つの意味

　一般に加法，減法，乗法，除法の四則演算は，二項演算と考えられるが，算数における実際的な用法では，単に二項演算だけでは片付けられないような場合がある。算数におけるたし算は，次の2つの意味で導入される。

	$a+b=c$	例　$5+4=9$
単項演算	$a \xrightarrow{b} c$	$5 \xrightarrow{4} 9$ ：5が4増えて9になる
二項演算	$(a, b) \to c$	$(5, 4) \to 9$ ：5と4を合わせる

　例えば，加法$5+4=9$でも，「5人で遊んでいました。そこへ4人が来ます。

みんなで何人になりましたか」という「増加」の問題であれば，初めに数 5 が存在し，それに 4 が作用して 9 になるので，二項演算ではなく単項演算（1 つの数が別の数に変化する演算）とみなせる。

四則演算を事象の意味から分類すると，加法には，増加と合併の場合がある。減法には，求残と求差の場合がある。乗法には，倍と積の場合がある。除法には，等分除と包含除の場合がある。これらすべてが単項演算と二項演算だけですっきり分類できるものではないが，概ね右の表 3-1 のようになる。

表 3-1　単項演算と二項演算

演算	単項演算	二項演算
加法	増加	合併
減法	求残	求差
乗法	倍	積
除法	等分除	包含除

計算指導の初期段階では，児童に実際的な場面での意味とそれに対応する演算が加法，減法，乗法，除法のどれなのかをしっかりと認識させることが大切である。

2）計算法則

数においては，次の 3 つの計算法則が成り立つ。

・交換法則

・結合法則

・分配法則

これらの計算法則は，児童自らが発見できるようにし，計算の工夫にも活用して，その方法を説明できるように指導することが大切である。

①**交換法則**：加法と乗法について，次の交換法則が成り立つ。

　　加法：$a+b=b+a$　　　　　乗法：$a \times b = b \times a$

②**結合法則**：加法と乗法について，次の結合法則が成り立つ。

　　加法：$(a+b)+c=a+(b+c)$　　乗法：$(a \times b) \times c = a \times (b \times c)$

③**分配法則**

　　$a \times (b+c) = a \times b + a \times c$, $(a+b) \times c = a \times c + b \times c$

計算法則は，具体物や図を用いて実際に確認することもできる。そして，計算法則の有用性は，計算の工夫にそれを活用できたとき，実感することができる。

例えば，28×25 は，結合法則を活用すれば，楽に計算ができる。$4 \times 25 = 100$ を使って，$28 \times 25 = (7 \times 4) \times 25 = 7 \times (4 \times 25) = 7 \times 100 = 700$ とできる。

小数や分数でもこれらの計算法則は成り立つ。小数や分数を扱う計算でうまく活用すれば，計算をより簡単にするための有用な手段となるので，意識して活用することが大切である。

3）計算の順序

計算の順序には，加減乗除が混じった計算の場合，一般に次の決まりがある。

　　・左から順に計算する

　　・（　）があるときは，（　）の中を先に計算する

　　・＋，－と×，÷とでは，×，÷を先に計算する

●**課題 1**　四則演算の他に，自分でも演算をつくってみよう。

3．整数の加法と減法の指導

（1）数の分解と合成

　整数の四則演算は算数学習の基礎であり，その中で最も基本的な演算が加法である。その加法の基本的な型は（1位数）+（1位数）であり，さらに，その基本は**数の分解と合成**にある。この型の計算をするには，指を使った「数えたし」ではなく，数の分解と合成を自由に操りながら計算できるようにすることが大切である。

　そのためには，3の分解と合成，4の分解と4までの合成，…，10の分解と10までの合成は確実に指導しておく必要がある。10までの数の分解と合成が随意的にできることは，10進数の加法と減法には極めて重要で，繰り上がりや繰り下がりのある計算の仕方にも大きく影響する。

　例えば，5+5の答えを出すとき，「数えたし」で計算する児童は，まず前の5を唱え，指を折りながら，6，7，8，9，10で，10とする。この方法で答えは出せるが，決して効率的ではない。またこのとき，もし数え間違えて答えが9や11になったのにもかかわらず違和感をもたずにいるなら，繰り上がりのあるたし算の習得は，ままならないであろう。

　数の分解の指導は隠れた数を考えさせるのがよい。例えば，4の分解では，3か1の一方を隠して，隠れた方の数を考えさせ，答えさせるのである。

　そのための教具として，おはじきと箱が用いられる。直方体の「箱」は，おはじき1つが通れるくらいの隙間を残して半分ずつ2つの区画に分かれている。蓋を閉めて上から見ると，箱の中の半分が見えて，残りの半分は見えない構造になっている。例えば4の分解では，まず4個のおはじきが入っていることを確認して，蓋を閉めて箱を振る。そして，見えているおはじきの数から隠れているおはじきの数を言い当てるのである。最後に蓋を開けて隠れていた数を確認する。

（2）整数の加法の意味と計算の仕方

1）合併と増加

　加法（たし算）は「+」という演算記号を使う演算で，実際の計算では主に次の2通りの意味をもつ。

　① **合併**：2つの集合を合わせたときの全体の要素の数を求める。
　② **増加**：ある集合に新たな要素を追加したときの全体の要素の数を求める。

　①の合併は，日常的に使うことばでは「あわせていくつ」という場合である。この場合は，2つのものは対等に扱われ，両方が接近するような動きになる。

　②の増加は，日常的に使うことばでは「ふえるといくつ」という場合である。この場合は，先にあるものに別のものが加わるような操作になる。

　これら2つの場合は意味が違うが，どちらも「たす」という1つの算数用語を使って，式に表せばどちらも同じ形になる。日常で使うことばから，合併と増加

の意味の違いをとらえた上で，どちらもたし算の式で表せることを理解させることが大切である。

2）逆思考

合併や増加では順思考で加法を使うのに対し，逆思考で加法を使う場合がある。次のような求大（大きいほうの数を求める）の問題では，逆思考を伴うことがある。

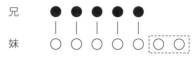

図 3-5　□－２＝５

「兄はあめを５個もっていて，妹より２個少ないそうです。妹は何個もっていますか」

この問題の答えを出すには加法を用いるが，□－2＝5 のような逆思考的な問題構造になっている（図 3-5）。指導では，実際の操作や図等を使って，関係を把握させることが大切である。

3）計算の仕方

①　和が 10 までの計算

和が 10 までの計算は，① 数えたす，② 数の合成の学習を基礎にして計算する，③ 直観で瞬時に念頭操作する，等の計算の仕方が予想される。しかし本来は，数の分解・合成をしっかりと体得して，③を反射的に行うことが大切である。

②　繰り上がりのある計算

和が 10 となる２つの数について，一方を他方の**補数**という。和が 10 を超える１位数同士の計算，すなわち，繰り上がりのある計算では，数の分解と 10 に対する補数の利用がその基礎になる。

図 3-6　数図

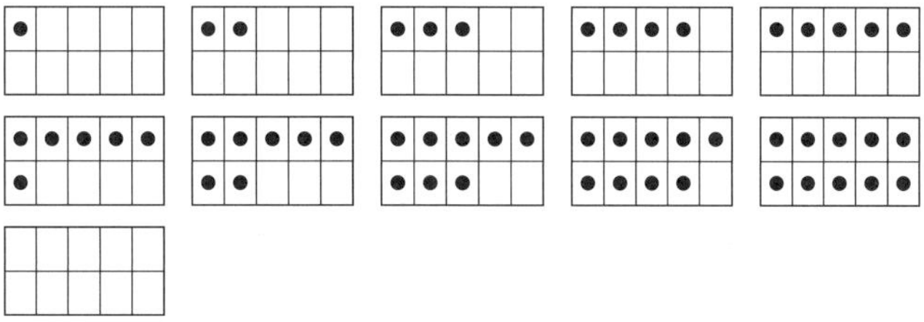

図 3-6 のような数図は●の配列の仕方が児童の数のイメージ形成に重要な役割を果たすので，繰り上がりのある計算の指導には有効である。

例えば，8＋3 は，10 に対する補数を意識して，加数を分解してたすことを考えて，

$$
\begin{aligned}
8+3 &= 8+(2+1)\\
&= (8+2)+1\\
&= 10+1\\
&= 11
\end{aligned}
$$

となる（図 3-7）。

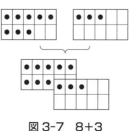

図 3-7　8+3

(3) 整数の減法の意味と計算の仕方

1）求残と求差

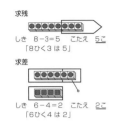

減法（ひき算）は「−」という演算記号を使う演算で、実際の計算では主に次の2通りの意味をもつ。

① 求残：ある集合からいくつか要素をとり出した後の残りの要素の数を求める。

② 求差：2つの集合の要素数の違いを求める。

①の求残は、日常的に使うことばでは「のこりはいくつ」という場合である。求残は増加の逆操作としてとらえることができる。この操作は、はじめにある数から、「食べる」「取り去る」「帰る」「いなくなる」等の状況で残りの数を求めるものである。

ひき算の式は、まず、求残の意味を理解してから学ぶ。たし算とは異なり、ひき算に現れる2つの数には、ひかれる数とひく数という明確な役割分担があることに留意することが必要で、「−」の左側にひかれる数、右側にひく数を書く。

②の求差は、日常的に使うことばでは「ちがいはいくつ」という場合である。それは、同時に2つの数量が存在し、その差を求めるための減法で、2つのものの数の違いを求めるには、多いものの数から少ないものの数をひけばよいので、これもひき算であることを認識させることが大切である。しかし、取り去る操作を伴う①の求残よりもひき算のイメージとは結びつきにくいので、指導では求残の後に求差を取り扱う。

これら2つの場合は意味が違うが、どちらも「ひく」という1つの算数用語を使って、式に表せばどちらも同じ形になる。日常で使うことばから、求残と求差の意味の違いをとらえた上で、どちらもひき算の式で表せることを理解させることが大切である。

2）逆思考

逆思考で減法を使う場合がある。次のような求小（小さいほうの数を求める）の問題では、逆思考を伴うことがある。

「あめをもっています。あと4個ふえると20個になります。今、何個もっていますか」

この問題の答えを出すには減法を用いるが、□＋4＝20のような逆思考的な問題構造になっている。指導では、実際の操作や図等を使って、関係を把握させることが大切である。

3）計算の仕方

① 被減数が10までの減法の計算

被減数が10までの減法の計算は、① 数えひく、② 数の分解の学習を基礎にして計算する、③ 直観で瞬時に念頭操作する、等の計算の仕方が予想される。しかし本来は、数の分解・合成をしっかりと体得して、③を反射的に行うことが大切である。

② 繰り下がりのある計算

繰り下がりのある計算の仕方は，主なものとして，次の2つがある（図3-8）。

① **減加法**：被減数を分解して計算する方法

13－7＝10－7＋3

② **減々法**：減数を分解して計算する方法

13－7＝13－3－4

13－7の場合

① 減加法
13－7＝(10－7)＋3
　　　／＼
　　10　3

② 減々法
13－7＝(13－3)－4
　　　　　／＼
　　　　　3　4

図3-8　15－7

減加法と減々法には，それぞれのよさがあり，どちらを主にして指導するかは，数の大きさにしたがい柔軟に対応することである。

例えば，13－9のように減数が10に近ければ減加法の方が計算しやすいであろうし，13－4のように減数が被減数の一の位に近ければ減々法の方が計算しやすい。いずれにせよ，児童自らが計算の仕方を，言葉や式で説明できるようにすることも大切である。

なお，他に，補加法という計算の仕方があり，それは，ひき算をするときにヨーロッパではよくみられる考え方である。例えば，13－7の場合，7に何をたしたら13になるかを考えて，6を求める。ヨーロッパで買い物をしてお釣りをもらうときに，補加法に遭遇するかもしれない。

（4）整数の暗算

1）暗算と筆算

暗算は数を念頭で処理する計算である。念頭に置けるものはそう多くはないので，計算できる内容は限られたものになるが，日常生活でも多く用いられて，電卓が普及した現在でも暗算は必要である。暗算で計算結果の見当をつけることも多く，数感覚の形成に役立つ。また，簡単な計算を暗算で処理することは仕事の能率にも直結する。

一方，**筆算**は十進位取り記数法の性質を利用して，決められた方法で機械的に行う計算である。その方法を習得するためには，はじめは数の性質や計算のしくみを理解する必要があるが，一旦習得できたら，機械的にその計算手続きを繰り返していけばよい。暗算ではとうてい処理できないような計算でも筆算を用いれば形式的に処理できる。

2）暗算の方法

① 加法・減法の暗算

暗算では，上の位の数から計算していくことが多い。なぜなら，数を言うときや，考えるとき，また数の大きさを考えるときは，上の位を先にみるからである。

加法27＋15なら，加数だけを分解して，次のように計算するとよい。

・27＋15＝27＋(10＋5)＝(27＋10)＋5＝37＋5＝42

また，同じ位の数同士をたす方法でも計算できるだろう。

・27＋15＝(20＋7)＋(10＋5)＝(20＋10)＋(7＋5)＝30＋12＝42

　これは，被加数と加数の両方を位ごとに分解して，下の位（一の位）からたしていく筆算の方法とは異なる。

　減法の暗算の方法も加法の暗算方法に準じるが，繰り下がりのあるひき算を暗算で行うのは，慣れないとやや困難であろう。

・53－16＝53－(10＋6)＝(53－10)－6＝43－6＝37

② 乗法・除法の暗算

　乗法，除法の暗算も上の位の数から計算していくとよいが，少し数が大きくなると暗算では難しいであろう。

・26×3＝20×3＋6×3＝60＋18＝78
・49×7＝40×7＋9×7＝280＋63＝343

（5）整数の加減の筆算の仕方

1）筆算形式

　筆算は，十進位取り記数法に基づいてする計算である。位をそろえて縦積みにすることによって，桁ごとに計算するので，何桁の計算であっても形式的に処理することができる。

　加法と減法の筆算は，下の位から上の位へと計算していくのが一般的で，繰り上がり，繰り下がりのある場合にも，機械的な方針で計算を続けていく。このとき1位数同士のたし算やひき算がそのための基礎計算となる。

2）筆算の仕方

・数字を位をそろえて縦に書く。　・一の位から順に計算する。

　これにより，各位の1位数同士の計算に帰着するが，十進位取りなので，繰り上がり，繰り下がりがある場合は，それぞれ，

・10を超えたら10を上位の位の1として繰り上げる。
・上位の位の1を下位の位の10として繰り下げる。

① 2位数＋2位数

　例えば，38＋47の場合，一の位同士の 8＋7＝15 と10のまとまりを加えた 30＋40＝70 とを合わせて85と計算することができる（図3-9）。

　筆算では，位をそろえて書くことで，各位の計算に帰着させる。このとき，10を超えた繰り上げ分は，上位の位の1として追記することで，形式的に処理することができる。

② （2位数・3位数）－2位数

　同じ位で被減数が減数より小さい場合には，上位の1を下位に10とし

```
  3 8
＋ 4 7
─────
  1 5  ← 8＋7＝15
  7 0  ←30＋40＝70
─────
  8 5
```

```
    1
  3 8
＋ 4 7
─────
  8 5
```

図3-9　2位数＋2位数

```
  5 7
－ 2 8
─────
    9  ←17－ 8＝ 9
  2 0  ←40－20＝20
─────
  2 9
```

```
    4
  5̵ 7
－ 2 8
─────
  2 9
```

図3-10　2位数－2位数

て繰り下げる。筆算では，上位の数を1減らし追記する（図3-10）。

③ 被減数に0を含み繰り下がりのある筆算

例えば，302 － 28 のように，十の位からの繰り下がりができない場合，百の位から一の位まで 10 を繰り下げる。このとき，十の位への繰り下がりは 90 となる（図3-11）。

筆算では，十の位に9と追記する。

```
 3 0 2
－  2 8
────────
       4  ←12－ 8＝  4
     7 0  ←90－20＝ 70
   2 0 0  ←200－0＝200
────────
   2 7 4
```

```
    2 9
   3̸0̸ 2
－   2 8
────────
   2 7 4
```

図3-11 被減数に0を含み繰り下がりのある筆算

4．整数の乗法と除法の指導

（1）整数の乗法の意味と計算の仕方

1）乗法の意味

乗法（かけ算）は，同じ数を何回か繰り返し足すという同数累加として導入される。例えば，2×3は，2＋2＋2で「2の3つ分」である。しかし，他の意味付けをすることもでき，乗法の意味には次の3つの型がある。

① 1つ分の大きさのいくつ分（同数累加）

この型の乗法は，1つ分の大きさが決まっているときに，そのいくつ分かにあたる大きさを求めるときに用いられる（図3-12）。

実際の指導では，具体的な場面でブロックを使って，1つ分の大きさ（数）がすべて同じに

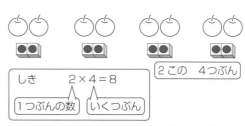

図3-12 1つ分の大きさのいくつ分

決まっていて，それがいくつかあるということを明確にして，（1つ分の大きさ）×（いくつ分）＝（全体量）という関係をとらえさせることが大切である。

② 何倍（倍写像型）

乗法演算には，「何倍」という意味があり，例えば，あさがおの高さが伸びたとき等のように，もとの量を何倍かにするときに用いられる。このときの「何倍」は，自然数倍だけでなく，のちに小数倍や分数倍へと乗法操作の拡張が行われる（図3-13）。

③ 直積型

この型の乗法は，量と量の積（関係づけ）によって，新しい量を生み出す。例えば，長

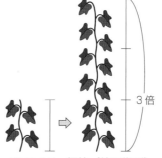

図3-13 何倍（倍写像型）

さと長さをかけて，長さとは全く別の面積という新しい量ができる（図3-14）。

乗法の立式について，実際の指導では，乗法の演算の意味を深めるために，か

けられる数とかける数の順に立式する。その主意は，問題に出てくる数の，何が1つ分の大きさで，何がいくつ分であるかをしっかりと読み取らせることにある。この順の立式ができているかどうかで，数の読み取りができているかを判断することができるからである。ただし，③の直積型においては，そのかぎりではない。

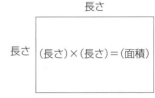

図3-14 直積型

2）九九の指導

第1学年で，2とび，5とびとまとめて数えたことを素地として，第2学年で乗法が導入されるように，乗法九九は，2の段，5の段から始めることが多い。

九九の唱え方は語呂がよく，日本では古くから伝統的に受け継がれてきている。乗法九九は覚えさせなければならないが，仮にそれを思い出せなかったとき，児童自らが九九を構成し，答えの数値の並び方のきまりを発見し，それを活用して導き出せるようにしておくことが大切である。例えば，5の段の指導では，5×4までの構成から，積が累加で導き出せるきまりをみつけ，その後，このきまりを活用して，5×5以降の九九を構成させるようにするとよい。

九九の指導を通して，乗数が1増えれば積は被乗数分だけ増えるというかけ算の構造を理解することもできる。また，日常生活で九九を使う場面をみつけ出すことによって，九九のよさを考えることができ，どのような事象でかけ算を用いるのか，すなわち，かけ算の有用性を知ることができる。

(2) 整数の除法の意味と計算の仕方

1) 除法の意味

除法（わり算）は，乗法の逆演算である。つまり除法とは「整数 a（≠0），b に対して，$x \times a = b$ あるいは $a \times x = b$ を満たす整数 x を求める演算」である。そして，この x を $b \div a$ で表す。乗法の（1つ分の大きさ）×（いくつ分）＝（全体量）という関係から，逆演算となる除法には，次の2つの場合がある。

① 等分除：全体量を等分して「1つ分の大きさ」を求める除法
② 包含除：全体量は1つ分の大きさの「いくつ分」であるかを求める除法

これらを，具体的な問題例で説明すると，

①の等分除は，「12個のあめを3人で同じ数ずつ分けると，1人は何個になりますか」で，このときの関係 □×3＝12での□を求めるのが等分除である。

②の包含除は，「12個のあめを1人に3個ずつ分けると，何人に分けられますか」で，このときの関係 3×□＝12での□を求めるのが包含除である。

①と②の意味は明らかに違うが，ともに除法を使う場面であり，式で表すと，どちらも，12÷3＝4 となる。

答えが出たら，今度はそれを逆にかけ算で確認することも大切である。1人分の3個が4人分あるから全体量は12個であったことを，かけ算の式で，

1人3個 ×4＝12個　と確認することができる。

2) 九九を活用するわり算

除法は乗法の逆演算であることから，乗法と関連付けて答えを求める。

例えば，12÷4について，等分除は，□×4＝12の□を求める場合で，包含除は，4×□＝12の□を求める場合である。いずれの場合も，□に2，3，…と順にあてはめていくと答えがみつかるので，この例では4の段の九九を使って答えを求められる。また，答えが九九にないわり算でも，工夫すれば，九九を用いて考えることができる場合がある。例えば，30÷3，60÷3等は，わられる数を10のまとまりの個数に置き換えて考えるとよい。36÷3等は，わられる数を十の位と一の位の個数に分けて，36÷3＝30÷3＋6÷3＝10＋2＝12とすれば計算できる。

3) 余りのあるわり算

整数の除法は，わり切れる場合から余りのある場合へと拡張される。この拡張により，先の $b÷a$ は，$b=a×q+r$ $(0 ≦ r<a)$ のように定式化され，このわり算では，整数の組 q と r を求める。q を**商**，r を**余り**という。

わり切れるときには余りはなく，わり切れないときには余りがある。その余りは除数より小さいことを理解させることが大切である。

① 余りのある除法の仕方（操作と式）

そのためにまず，包含除の例で，ブロック等を使って操作をすると余りの意味がわかりやすい（図3-15）。

「17個のあめを3個ずつ分けていきます。何人に分けられて，何個余りますか」

式：17÷3

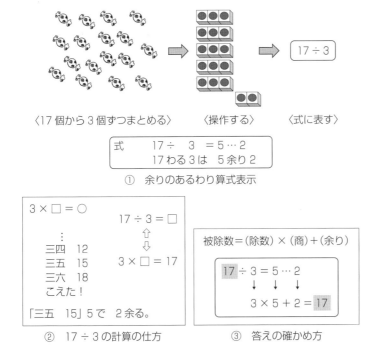

図3-15　余りのあるわり算

② 計算の仕方

余りのある場合も，わり切れる場合と同様に乗法九九を使った計算をする。「三五 15」5で2余る。

③ 答えの確かめ方

余りがあれば，それが除数より小さいことを確認し，

（被除数）＝（除数）×（商）＋（余り）

の関係から，計算の確かめをする態度を育てることが大切である。

（3）整数の乗除の筆算の仕方

1）乗法の筆算

乗法の筆算は，下の位から上の位へと計算していくのが一般的である。かけ算九九と2位数＋1位数の計算及び加法・減法の筆算がその基礎計算となる。

① 2位数×1位数

2位数×1位数の場合，例えば，67×4なら，60×4+7×4をもとにして計算できることから，筆算の仕方を児童自ら考えていくようにすることが大切である。

この例の場合，実際の筆算では，24+2を念頭で処理して，1段で記述する（図3-16）。

67 × 4 ── 28 ← 7×4= 28 24 ←60×4=240 ── 268	67 × 4 ── 268	24＋2の計算を念頭で処理して， 1段で記述する

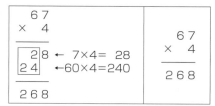

図3-16　2位数×1位数の筆算

② 2位数×2位数

2位数×2位数の場合，例えば，67×89なら，分配法則により67×80+67×9と分けて計算できる。

この例の場合，実際の筆算では，54+6と48+5を念頭で処理して，2段で記述する。また，下の段を1桁左にずらして書くことにより，頭の中では67×8を計算しながら，実際には67×80を計算していることになる。これは位取り記数法の効果である（図3-17）。

67 ×89 ── 63 ← 7× 9= 63 54 ←60× 9= 540 56 ← 7×80= 560 48 ←60×80=4800 ── 5963	67 ×89 ── 603 536 ── 5963	54＋6と 48＋5の計算を念頭で処理して， 2段で記述する

図3-17　2位数×2位数の筆算

2）除法の筆算

除法の筆算は，上の位から下の位へと計算していく。2位数÷1位数では，除数と被除数を比較して仮商を立て，それが真商でなければ仮商を1ずつずらして真商を求める。操作では，「たてる」，「かける」，「ひく」，「おろす」という手順を唱えさせる等して，確実にそのアルゴリズムを身に付けさせることが大切である。

① （2位数）÷（1位数）

例えば，72÷3では，72を70と2に分け，70を10のまとまり7個とみて，7÷3＝2余り1と計算する。これは，10が2個（20）と10が1個（10）余ることを意味している。そこで，余りの10と2を合わせた12を3でわると4となる。結果として，72÷3の商は，20と4を合わせた24になる（図3-18）。

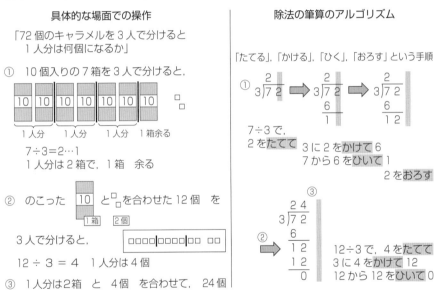

図3-18　72÷3

② （2位数・3位数）÷（2位数）

除数が2位数の場合では，例えば171÷21では，10を基準とみると，およそ17÷2＝8とみることができるので商がおよそ8であると見当をつける。あとは，1位数のわり算と同様に「たてる」，「かける」，「ひく」，「おろす」の筆算の手順で計算できる。

5. 小数・分数の概念と表現

(1) 小数・分数の歴史

小学校低学年において，数はものの個数（集合数）や量（測定数），順番（順序数）を表す場面を通して導入されるが，これらのうち測定数については必ずしも整数値となる場合ばかりではなく，はした（＝半端な量）が生じることがある。そのような場面で新たに必要となる数の表現形式が，小数・分数である。

両者はそれぞれの特徴に応じて日常生活でもよく用いられているが，人類が使うようになったのは分数の方がはるかに古い。今から4千年近く前の紀元前17世紀の古代エジプトにおいて，早くも分数が用いられていたことを示す記録がある。ただし古代エジプトで用いられていたのは，もっぱら分子が1である分数（単位分数）と $\frac{2}{3}$ だけで，一般の分数はそれらの和で表したという。

一方，小数が発明されたのは驚くほど遅く，十進位取り記数法による小数の表示法は，1585年にオランダのステヴィン（S. Stevin）によって発明されたとされている。今日のような小数点表示が一般的となったのは，何と18世紀のことであるという。

小数・分数の導入は，それまでの整数の世界から，児童たちに全く新しい視野を開くものである。したがって，歴史的背景等も適宜たどりつつ，様々な活動を通して，その必要性や利点を十分に理解させることが重要である。

また，この新たな数表現は，整数－有理数－実数－複素数と続く数の体系への入り口でもあるから，単なる計算方法の習得にとどまるのでなく，整数とは異なる新たな数に対する感覚が正しく養えるように指導することが大切である。

(2) 小数の意味と働き

小数は第3学年で，端数部分の大きさを表すのに用いることで導入される。量の測定と関連づけることができるから，長さやかさを実際に測定し，はしたの処理の必要性から小数を導入するのが自然である。まず $\frac{1}{10}$ の位について指導し，続く第4学年では $\frac{1}{100}$ ，$\frac{1}{1000}$ 等を単位とした小数について扱う。

小数の指導では，次の視点が重要である。

1) 十進位取り記数法の延長

小数の構造から，ある位の左の位の数は10倍の大きさを，右の位の数は $\frac{1}{10}$ 倍の大きさを表すことがわかる。これは整数の構造と同じであり，小数という新しい表現形式が，十進位取り記数法の延長になっていることがわかる（図3-19）。

2) 小数と数直線

図に示すように，数直線に0.1刻みの目盛

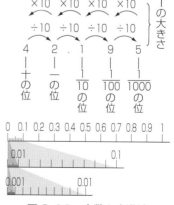

図3-19　小数と十進法

りを入れると $\frac{1}{10}$ の位をもつ小数が表される。目盛りをさらに細かくしていけば，さらに下の位をもつ小数が表されるが，こうした認識作業により，有限小数で表される数がいくらでも細かく数直線上に並んでいる感覚（稠密性）が得られるであろう。

3）数の相対的な大きさ

3.57 は「1 が 3 つ，0.1 が 5 つ，0.01 が 7 つ集まった数」とみることができるが，「0.01 が 357 個集まった数」とみることもできる。このように，小数をある位の単位に着目してそのいくつ分とみる見方は，小数の意味についての理解を深めるばかりでなく，四則演算の方法を考える上でも有効である。

(3) 分数の意味と働き

分数も小数と同様，1 に満たない量を表す方法として導入される。まず第 2 学年で $\frac{1}{2}$，$\frac{1}{3}$ 等の簡単な分数が導入され，その後いろいろな場面を通して分数の意味が拡張されるので，それらをよく整理して提示する必要がある。

1) いろいろな種類の分数

① 分割分数〔第 2・3 学年〕

対象物を何等分かしたもののうちのいくつ分かを表す分数（図 3-20）。

② 量分数〔第 3 学年〕

測定量のはしたを，単位量を等分割して表したもの。例えば $\frac{3}{4}$ m，$\frac{2}{5}$ L のような表し方。

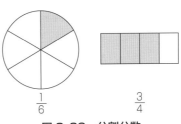

図 3-20 分割分数

③ 単位分数のいくつ分としての分数〔第 3 学年〕

「$\frac{3}{5}$ は $\frac{1}{5}$ の 3 つ分」というように，単位分数のいくつ分として表した分数。上の量分数も，基本的にはこの考え方を用いている。

④ 割合分数〔第 4 学年，C 変化と関係〕

ある基準量 B を 1 としたときの，A の大きさの割合を表す分数。例えば右の図 3-21 のような場合，A は基準量である B の $\frac{2}{3}$ である。

またこれを，「A は B の $\frac{2}{3}$ 倍」のように，「3 等分してその 2 つ分を取る」という操作とみるとき，**操作分数**という。

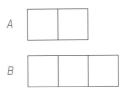

図 3-21 割合分数

「A は B の $\frac{2}{3}$ に当たる」という割合の表現は，「B に $\frac{2}{3}$ をかけると A になる」ということであり，逆に「A を $\frac{2}{3}$ でわると B になる」ともいえるから，分数の乗法・除法の意味を理解する上でも重要となる。

⑤ 商分数〔第 5 学年〕

2 つの整数による除法の商を表す分数。

例えば $2 \div 3 = \frac{2}{3}$ であるが，小数では $2 \div 3 = 0.666\cdots$ のようにわり切れず無限小数となってしまう。分数の利点を示す例であるといえよう。

2) 分数の様々な表現

分数は整数や小数とは異なる表現形式であるから，その計算を考えるにあたっては分数特有の準備が必要となる。

① **真分数・仮分数・帯分数**〔第4学年〕

真分数 = 分子が分母より小さい分数：$\frac{2}{3}$，$\frac{4}{13}$ 等。

仮分数 = 分子が分母と等しいか，分母より大きい分数：$\frac{3}{3}$，$\frac{14}{5}$ 等。

帯分数 = 整数と真分数を合わせた分数：$1\frac{2}{3}$，$4\frac{3}{11}$ 等。

四則演算，特に乗除の計算を行うには仮分数の形の方が計算しやすい。一方，分数の大きさを表すには帯分数の方が感覚的に理解しやすいであろう。

② **大きさの等しい分数**〔第5学年〕

ある数を表すのに，整数や小数を用いる場合には表し方は1通りである。（正確には $1.000\cdots = 0.999\cdots$ のように2通りある場合もあるが，算数では無視してよい）。しかし分数では同じ数を表す表現が無数にある。例えば $\frac{1}{3}$ は，分母と分子に同じ数をかけて得られる $\frac{2}{6}$ や $\frac{3}{9}$，$\frac{13}{39}$ 等と同じ大きさを表す分数である。

最も小さい数で表されていて，これ以上簡単にできない分数を**既約分数**という。上の例では，$\frac{1}{3}$ は既約分数であるが $\frac{2}{6}$ は既約分数でない。分数を既約分数へと簡単にする操作を**約分**と呼ぶ。その逆は**倍分**と呼ばれる。

③ **通分**〔第5学年〕

2つ以上の分数の大きさを変えないで，共通の分母をもつように変形することを**通分**という。その際共通の分母は，与えられたすべての分数の分母の公倍数となるが，なるべく最小公倍数にそろえるのがよい。例えば $\frac{5}{6}$ と $\frac{3}{8}$ を通分するには，分母を6と8の最小公倍数24にそろえて $\frac{20}{24}$ と $\frac{9}{24}$ にする。

通分は分数の大小比較のためだけでなく，加法・減法でも重要な手法である。

（4）数の表現としての小数と分数

分数と小数は同じように「はした」を表す方法として導入されるが，両者をいろいろな観点から比較することにより，さらに理解を深めることができる。

1）数を表す単位

小数は，整数の十進位取り記数法の考えを1より小さい数に拡張して用いた表現方法で，$\frac{1}{10}$，$\frac{1}{100}$ 等を単位として数を表す方法である。一方，分数は1を任意の個数に分割したものを単位として，そのいくつ分かで数を表す方法である。

この見方でみれば，小数とは分母を10や100等に限定した表現方法であり，分数の方が数の表現の自由度が高いといえる。そのため，小数にするとわり切れない数でも分数なら正確に表せることがある。

2）数としての認識

小数は十進位取り記数法で表されていることもあり，数として認識しやすいが，分数は2つの数からなっており，また分割という操作の影響から，1つの数としてとらえにくい

$$\frac{3}{4} = 0.75$$

$$\frac{5}{3} = 1.666\cdots$$

$$\frac{10}{7} = 1.428571428571\cdots$$

面がある。

それを克服するためには，分数を小数で表すことによって関連づけるという方法が考えられる。また，分数を数直線上に位置づけることにより，その大きさが視覚的に表され，より明確に数として認識される。

3）大小比較

小数は整数と同じ表現形式であることから，2つの数の大小を比較するのが容易であるという利点をもつ。2つの数の整数部分が同じである場合には，$\frac{1}{10}$の位を比較する。それでも同じである場合には，$\frac{1}{100}$の位を比較する。こうしてどちらが大きい数であるかが容易に判断できることになる（図3-22）。

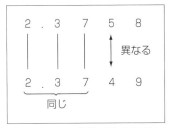

図3-22　小数の大小比較

一方，分数には分母を自由に設定できるという利点がある反面，大小比較が容易でないという欠点もある。大小を比較するためには2つの分数が同じ分母をもつように通分する必要がある。

4）数の種類

小数は，整数や自然数と違い，数の種類を表す用語ではなく，あくまでも数の表現形式を表す言葉である。それに対して分数の方は，やはり数の表現形式を意味する用語ではあるが，整数の分数で表される数を**有理数**と呼ぶので，数の種類を示しているとも言える。

分数を小数と結びつけて考える過程で，$\frac{3}{8} = 0.375$，$\frac{3}{11} = 0.272727\cdots$のように，わり切れて有限小数となる場合と，わり切れずに無限小数となる場合があることが観察される。つまり有理数には，有限小数で

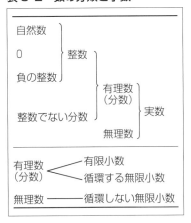

表3-2　数の分類と小数

表せるものと循環する無限小数になるものとの2種類があるのである。詳しい説明は省略するが，既約分数にしたとき，分母が2と5だけの積で表されるような分数は，小数で表すと有限小数になる。$\frac{1}{25}$や$\frac{3}{40}$等の場合である。

ちなみに算数の範囲ではないが，無理数を小数で表すと，循環しない無限小数になる。このようにすべての実数は小数で表される（表3-2）。

6．小数・分数の計算の指導

（1）演算の適用範囲の拡張

整数に対してと同様，小数や分数に対しても加減乗除の四則計算を行うことができる。その際注意しなければならないのが，次頁の2点である。本節では小

数・分数の四則演算それぞれについて，この２点をもとに述べていくことにしたい。

① 小数・分数に対する演算の「意味づけ」の拡張

四則計算はこれまで整数をもとにして導入されたため，そのままの説明では小数・分数に当てはまらないことが多い。したがって，小数・分数に対しては演算の意味を新たに定義し直さなくてはいけない。単に計算ができるだけでなく，「演算の意味の拡張」について正確に認識することが大変重要である。

② 小数・分数に対する演算の「計算方法」の拡張

小数・分数は新しい数であるから，それらに対する四則計算の方法も，新たに考え直さなければならない。整数に対する計算と同様にできるものもあれば，全く手法が異なるものもあるので，指導に際しては十分留意しなければならない。

(2) 小数・分数の加法・減法

1）小数・分数の加法・減法の意味づけ

低学年において，整数の加法は「増加」「合併」という考えによって定義され，一方，減法は「求残」「求差」という考えをもとにして定義された。

小数や分数に対する加法・減法についてもこれらの考えは変わらないが，対象となる数の領域が変わるため，適用される具体的な場面も変わる。

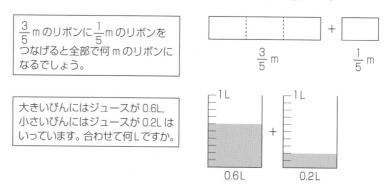

図 3-23　小数・分数の加法

図 3-23 のように，１本のテープに別のテープをつなげる（増加）とか，２つの量の水を合わせる（合併）というような具体的場面を，数直線や図の上の操作へと変換することで，小数・分数の加法を意味づけることができる。減法についても同様である。

2）小数の加法・減法の計算方法

$\frac{1}{10}$ の位までの小数の加法及び減法は第３学年で，それ以下の位をもつ小数の加法及び減法は第４学年で指導する。

小数は十進位取り記数法の考えを拡張したものであるから，整数における四則演算から容易に小数に対する四則演算を考えることができるだけでなく，筆算についてもほぼ同様に行うことができるという利点をもつ。

小数の加法・減法については，大きく次の２つの考えがある。

① 位ごとに分けて加える

右のように，小数を位ごとに分けてそれぞれ加え，最後に合わせるという考えで，これは整数計算と同じ考え方である。繰り上がりが出る場合も，整数と同様に次の位を1つ増やすことで処理される。

```
2.5+4.7
=(2+0.5)+(4+0.7)
=1×(2+4)+0.1×(5+7)
=1×6+0.1×12
=1×(6+1)+0.1×2
=7.2
```

② 数の相対的な大きさを利用する

小数を 0.1 や 0.01 等の単位小数の整数倍とみて，整数計算に帰着させる考えである。これによって，小数の加法・減法も整数と全く同じように行ってよいことがはっきりと認識される。

```
2.5+4.7
=0.1×25+0.1×47
=0.1×(25+47)
=0.1×72
=7.2
```

3) 小数の加法・減法の筆算

小数の加法・減法の筆算は，上の①，②いずれの考え方でも説明できる。

①の考えによれば，2つの小数を位が一致するように並べ，繰り上がりを考慮しながら下の位から順々に足していけばよい。

②の考えによれば，いったん整数の計算をしたあと，元の場所に小数点を打てばよい。

《②の考えによる筆算》

```
   375          3.75
 + 453  ÷100  + 4.53
 ─────   →    ──────
   828          8.28
```

4) 分数の加法・減法の計算方法

簡単な分数の加法及び減法については第3学年で扱い，同分母分数の加法及び減法については第4学年で，また異分母分数の加法及び減法については第5学年で指導を行う。小数と違って分数は十進位取り記数法による表現ではなく，また大きさの等しい多くの分数が存在するので，その計算も整数や小数とは異なる。

$$\frac{4}{5}+\frac{3}{5}=\left(\frac{1}{5}\times 4\right)+\left(\frac{1}{5}\times 3\right)$$
$$=\frac{1}{5}\times(4+3)=\frac{1}{5}\times 7=\frac{7}{5}$$
$$\frac{1}{5} \text{の}(4+3)\text{個分} \to \frac{7}{5}$$

① 同分母分数の加法・減法〔第4学年〕

まず2つの分数の分母が等しい場合については，単位分数のいくつ分という見方で分数をとらえることにより，整数の加法・減法に帰着される。上のように単位分数の何倍かを示す整数に対する計算ととらえ，そこから公式

$$\frac{b}{a}+\frac{c}{a}=\frac{b+c}{a}, \quad \frac{b}{a}-\frac{c}{a}=\frac{b-c}{a}$$

が得られる。

② 異分母分数の加法・減法〔第5学年〕

2つの分数の分母が異なる場合は，通分によって同分母の場合に帰着される。

[問題1] 2つのびんにジュースが $\frac{1}{6}$ L と $\frac{4}{9}$ L 入っています。合わせて何Lでしょう。

通分するには2つの分数の分母の公倍数をみつける必要がある。最も無駄のない方法は，2つの分母の最小公倍数を用いることである。最小公倍数を用いれば無駄な約分をしなくて済むだけでなく，途中に現れる数値を小さくできるため，計算もしやすくミスも起こしにくいという利点がある。

> 通分による分数の加法・減法
> 分母をかけ合わせるだけだと
> $$\frac{1}{6}+\frac{4}{9}=\frac{9}{54}+\frac{24}{54}=\frac{9+24}{54}=\frac{33}{54}=\frac{11}{18}$$
> 最小公倍数を利用すれば
> $$\frac{1}{6}+\frac{4}{9}=\frac{3}{18}+\frac{8}{18}=\frac{3+8}{18}=\frac{11}{18}$$

(3) 小数・分数の乗法（1）～乗数が整数の場合〔第4・5学年〕

乗数が整数である場合の小数の乗法については第4学年で，分数の乗法については第5学年で指導する。乗法についても意味付けを考えなければならない。

1）小数 × 整数，分数 × 整数の意味付け

第2学年で整数 × 整数は（1つ分の大きさ）×（いくつ分）=（全体）と意味付けされ，被乗数を乗数の個数だけ足すこと（**累加**）と同じであるが，小数 × 整数，分数 × 整数という形の乗法についても同じように意味付けることができる。

[問題2] 1.5L入りのジュース3本では何Lになるでしょう。

右の図3-24のように，小数で表される量が整数個あるとき，その全体量は整数をかけることによって得られる。

指導にあたっては，整数 × 整数の場合から始めて累加の考えに慣れた後，被乗数に小数をもち込めば自然と理解できるであろう。

図3-24　小数 × 整数

[問題3] 1枚 $\frac{3}{5}$ m² の板を4枚並べると，何m²になるでしょう。

右の図3-25のように，分数で表される量が整数個あるとき，その全体量は整数をかけることによって得られる。$\frac{3}{5}$ の4つ分ということで，式は $\frac{3}{5}×4$ となる。

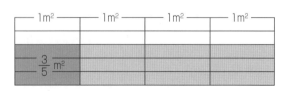

図3-25　分数 × 整数

今度はこれらについて具体的計算方法を1つずつ考えることにしよう。

2）小数 × 整数の計算方法

小数の乗法の基本は，「整数の乗法に帰着させること」である。小数は整数と同じ十進位取り記数法で表されているから，小数点の位置に注意しつつ，整数と同様に筆算を行うことができる。

$$2.3 \times 15 = \left(\frac{1}{10} \times 23\right) \times 15$$
$$= \frac{1}{10} \times (23 \times 15)$$
$$= \frac{1}{10} \times 345 = 34.5$$

```
   23            2.3
 × 15    ÷10   × 15
  115           115
   23            23
  345    ÷10    34.5
```

筆算においては，被乗数の小数点を1つ右にずらして整数として筆算を行い，最後に小数点を1つ左へ戻す。これは「小数点を下におろす」のと同じである。

3）分数 × 整数の計算方法

被乗数の分数を単位分数のいくつ分とみることにより，整数の乗法に帰着させることができる。前頁の〔問題3〕を例にとると，

$$\frac{3}{5} \times 4 = \left(\frac{1}{5} \times 3\right) \times 4 = \frac{1}{5} \times (3 \times 4) = \frac{3 \times 4}{5} = \frac{12}{5}$$

つまり，($\frac{1}{5}$ の3つ分）×4 ＝ $\frac{1}{5}$ の（3×4）個分ということで，被乗数の分子に乗数をかけることになり，そこから次の公式が得られる。

$$\frac{b}{a} \times c = \frac{b \times c}{a}$$

（4）小数・分数の除法（1）〜除数が整数の場合〔第4・5学年〕

乗法と同様，除数が整数である場合の小数の除法については第4学年で，分数の除法については第5学年で指導する。これについてもまず意味付けを考える。

1）小数÷整数，分数÷整数の意味付け

整数÷整数は第3学年において，等分除と包含除として導入される。特に等分除は，（全体）÷（いくつ分）＝（1つ分の大きさ）のように整数個の同じ量に分けることで表される。この考えは，被除数が小数・分数でも変わらない。

〔問題4〕$\frac{4}{5}$ m² の板を同じ面積になるように3枚に切ると，1枚は何m² になるでしょう。

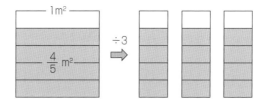

図3-26　分数÷整数

右の図3-26のように，分数で表される量を整数等分するとき，その1つ分の量は整数でわることによって得られる。

2）小数÷整数の計算

小数で表されている数を整数でわる方法は，基本的には整数÷整数と変わら

ないが，商に対して，被除数と同じところに
小数点を打つ必要がある。右に示すように，
　　・被除数の小数の位またはより下の位でわ
　　　り切れる場合
　　・どこまでもわり切れない場合
がありうる。

```
   5.8 ÷ 4        2.5 ÷ 3
      1.45           0.833…
   4)5.8          3)2.5
      4              24
      18             10
      16              9
      20             10
      20              9
       0              1
```

3) 分数 ÷ 整数の計算

やはり単位分数のいくつ分とみることにより，整数の除法に帰着させることができるが，わり切れる場合とわり切れない場合では少し様子が違う。

① わり切れるとき

$$\frac{6}{5} \div 3 = \left(\frac{1}{5} \times 6\right) \div 3 = \frac{1}{5} \times (6 \div 3) = \frac{1}{5} \times 2 = \frac{2}{5}$$

のように最初の単位分数の何倍かとみることで直接答えを導くことができる。

② わり切れないとき

前頁の〔問題4〕を例にとると，

$$\frac{4}{5} \div 3 = \left(\frac{1}{5} \times 4\right) \div 3 = \frac{1}{5} \times (4 \div 3)$$

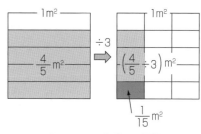

図 3-27　分数 ÷ 整数

となってしまい，単位分数 $\frac{1}{5}$ の整数倍ではなくなってしまう。このような場合には図3-27の面積図のように考えて，まず単位分数の方を整数でわり，そのあとで分子をかけるようにするとよい。つまり，

$$\frac{4}{5} \div 3 = \left(\frac{1}{5} \times 4\right) \div 3 = \left(\frac{1}{5} \div 3\right) \times 4 = \frac{1}{15} \times 4 = \frac{4}{15}$$

ここには $\frac{1}{5} \div 3 = \frac{1}{5 \times 3}$ という関係が用いられている。単位分数を等分するには，分母に除数をかければよいということだが，これは図から理解できるであろう。

またこれとは別に，少し作為的ではあるが，同じ大きさの分数の考えを使って，先に被除数の分数の分母と分子に除数をかけておく方法もある。すなわち，

$$\frac{4}{5} \div 3 = \frac{4 \times 3}{5 \times 3} \div 3 = \frac{1}{5 \times 3} \times (4 \times 3 \div 3) = \frac{1}{15} \times 4 = \frac{4}{15}$$

いずれの場合も結局，被除数の分母に除数をかければ答えが得られる。こうして分数 ÷ 整数に関する次の公式が得られる。

$$\frac{b}{a} \div c = \frac{b}{a \times c}$$

(5) 小数・分数の乗法（2）〜乗数が小数・分数の場合〔第5・6学年〕

1) ×小数，×分数の意味付け

乗数が小数・分数である場合には，もはや「いくつ分」という累加の考えは使えず，新しい意味付けが必要となる。つまり「いくつ分」に当たる量を小数・分数にしなければならないのだが，これを可能にするのが「割合」の考えである。新学習指導要領では異なる学年で別々に扱われているが，意味付けは同じである。

整数の乗法では（1つ分の大きさ）×（いくつ分）という考えに基づいて，

（単価）×（個数）＝（代金），（1本の量）×（本数）＝（全体の量）

等の式を場合に応じて使い分けてきたが，乗数が小数・分数になるときは，

【乗法の意味の拡張】

（基準にする大きさ）×（割合）＝（割合に当たる大きさ）

と言い直すことにより意味付けることができる。

このことを数直線図で表すと図3-28のようになる。

Bを「基準にする大きさ」，pを「割合」とするとき，「割合に当たる大きさ」が$B \times p = A$で表される。すなわち，Bの大きさを1とみたとき，割合pの大きさに当たる量がAである（p.99，第6章第2節を参照）。

これは「割合」＝「比べる量（割合に当たる大きさ）」÷「もとにする量（基準にする大きさ）」という関係をかけ算の形に直したもので，いわゆる「割合の第2用法」と呼ばれるものである。この「基準にする大きさ」は，「単位量当たりの大きさ」とも呼ばれる。例を挙げてみよう。

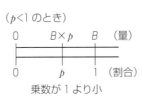
（$p<1$のとき）
乗数が1より小

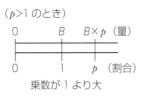
（$p>1$のとき）
乗数が1より大

図3-28　割合とかけ算

〔問題5〕1m当たり80円のリボンを2.3m買うといくらになるでしょう。

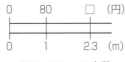

図3-29　×小数

図3-29のように，「割合」のところを長さやかさ等の連続量にすれば，小数・分数をかける式を意味付けることができる。

乗数である「割合」を，「倍率」にした例も考えられる（図3-30）。

〔問題6〕ある英語教室で定員40名として希望者を募集したところ，定員の1.4倍の応募者がありました。何人の応募者があったのでしょう。

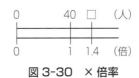

図3-30　×倍率

乗数が分数である場合においても全く同じように「割合に当たる量」で解釈で

きる（図3-31）。

[問題7] 1 dL で $\frac{4}{5}$ m² 塗ることができるペンキを $\frac{2}{3}$ dL 使うとき，何 m² 塗ることができるでしょう。

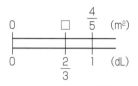

図 3-31 × 分数

このように，「いくつ分」から「割合」へと意味を拡張することにより，「小数倍」「分数倍」の意味が初めて正確に理解できる。この「乗法の意味の拡張」は，小数・分数のかけ算のみならず「割合」「比例」等の単元にもわたる極めて重要な概念の拡張であるから，多くの例を用いてよく理解させなければならない。

一方，割合が整数値であるときは，低学年における「いくつ分」の考えと一致するため，これは低学年における見方の拡張になっていることにも注意したい。

それでは計算方法を1つずつ考えていこう。

2) 整数 × 小数，小数 × 小数の計算

① 整数 × 小数

これまでと同じ考え方により，乗数の方の小数点を1つ右にずらして整数として筆算を行い，最後に小数点を1つ左へ戻せばよい。

```
   23              2 3
 × 15     ÷10    × 1.5
 ───     ──→    ───
  115             115
   23              23
 ───             ───
  345     ÷10     34.5
         ──→
```

② 小数 × 小数

$$2.3 \times 1.5 = \left(\frac{1}{10} \times 23\right) \times \left(\frac{1}{10} \times 15\right)$$
$$= \frac{1}{100} \times (23 \times 15)$$
$$= \frac{1}{100} \times 345 = 3.45$$

```
   23           2.3           2.3
 × 15   ÷10   × 15    ÷10   × 1.5
 ───   ──→   ───    ──→   ───
  345           34.5          3.45
```

この場合の筆算では，整数にするのに両方とも10倍しているので，最後に100で割る，すなわち小数点を2つ左へ戻す必要がある。

このように小数の積の筆算においては，まず2つの数を整数と思って筆算を行い，最後に被乗数と乗数の小数点以下の桁数を合わせた分だけ，答えに小数点以下の位をつくればよい。

3) 整数 × 分数，分数 × 分数の計算

同じことなので分数 × 分数の場合を取り上げる。

上の [問題7] は $\frac{4}{5} \times \frac{2}{3}$ と立式できるが，数直線図 3-32 で「× $\frac{2}{3}$」の意味を考えると，「3等分したものを2倍する」とみることができる。すなわち

$$\frac{4}{5} \times \frac{2}{3} = \left(\frac{4}{5} \div 3\right) \times 2 = \frac{4}{5 \times 3} \times 2 = \frac{4 \times 2}{5 \times 3} = \frac{8}{15}$$

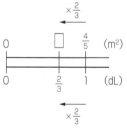

図 3-32 × 分数の数直線図

この計算は，面積図を用いて図 3-33 のように表すことによっても説明できる。

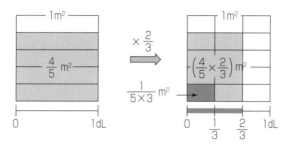

図 3-33 分数 × 分数

最終的には 2 つの分数の分母同士，分子同士をかけ合わせると答えが出るので，分数 × 分数の公式は次のようになる。

$$\frac{b}{a} \times \frac{d}{c} = \frac{b \times d}{a \times c}$$

（6）小数・分数の除法（2）～除数が小数・分数の場合〔第 5・6 学年〕

1）÷小数，÷分数の意味

除数が小数である場合の除法については第 5 学年で，分数である場合については第 6 学年で指導する。

除数が整数である場合は，「何等分」という等分除で意味づけられるが，除数が小数・分数のときは乗法と同様，これまでの意味づけを拡張しなければならない。前節の乗法の式 $B \times p = A$ を変形すると 2 通りのわり算の式をつくることができる。

① 等分除の拡張《割合の第 3 用法》

$B \times p = A \rightarrow A \div p = B$ と変形すると，「基準にする大きさ」を求める式になる。

これは「比べる量（割合に当たる大きさ）」÷「割合」＝「もとにする量（基準にする大きさ）」という式で，「割合の第 3 用法」と呼ばれるものである。「基準にする大きさ」を「**単位量当たりの大きさ**」，「**1 当たり量**」等とも呼ぶ。

このことを数直線図で表すと図 3-34 のようになる。すなわち，A の大きさを p とみたとき，1 の大きさに当たる量が B である。このように，除法は「基準にする大きさ」を求める計算として意味づけられる。これをわかりやすく書けば，

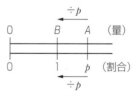

図 3-34 割合とわり算

【除法の意味の拡張①～等分除の拡張】
　（割合に当たる大きさ）÷（割合）＝（基準にする大きさ）

となる。次頁に例を挙げよう。

〔**問題 8**〕2.4 m で 96 円のリボン 1 m の値段はいくらでしょう。

0
□
96（円）
0
1
2.4（m）

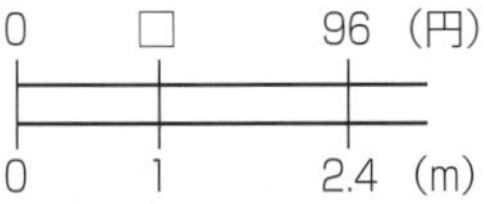

図 3-35　÷ 小数

この問題は図 3-35 のように数直線図で表すこともできるが，今度は 1 に対応する「基準にする大きさ」が未知となっている。このように，数直線図に表したときの形で，乗法か除法かが見分けられる。

> 乗法とは「割合に当たる大きさ」を求める計算である。
> 除法とは「基準にする（1 に当たる）大きさ」を求める計算である。

除数が分数である場合も全く同じように「1 に当たる大きさ」で解釈できる（図 3-36）。

〔**問題 9**〕$\frac{2}{3}$ dL で $\frac{3}{5}$ m^2 塗ることができるペンキは，1 dL 使うとき何 m^2 塗ることができるでしょう。

0
3/5
□
(m²)
0
2/3
1
(dL)

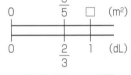

図 3-36　÷ 分数

②　包含除による意味付け《割合の第 1 用法》

$B \times P = A$ を $A \div B = p$ と変形すると，これは「A は B の何倍か」という「割合」を求める計算である。p が整数のときは「A の中に B がいくつ入るか」という「包含除」と同じであるから，これは「包含除の拡張」とみなすことができる（図 3-37）。

〔**問題 10**〕30 m のリボンを 1 人 2.4 m ずつ分けると，何人分になるでしょう。

30m
2.4m
……

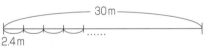

図 3-37　包含除による小数のわり算

式：30 ÷ 2.4 = 12…　1.2

答え：12 人余り 1.2 m

包含除の場合，答えが整数にならないときや，除数が被除数より大きいときには意味が付けにくいという問題点もある。それでは計算方法を考えていこう。

2）整数 ÷ 小数，小数 ÷ 小数の計算

基本は整数のわり算に帰着させることである。

①　商の小数点

除法においては被除数と除数の両方に同じ数をかけてもわり算としては変わらないから，除数が整数になるように小数点を動かした分だけ，被除数の方でも小数点を動かせばよい。

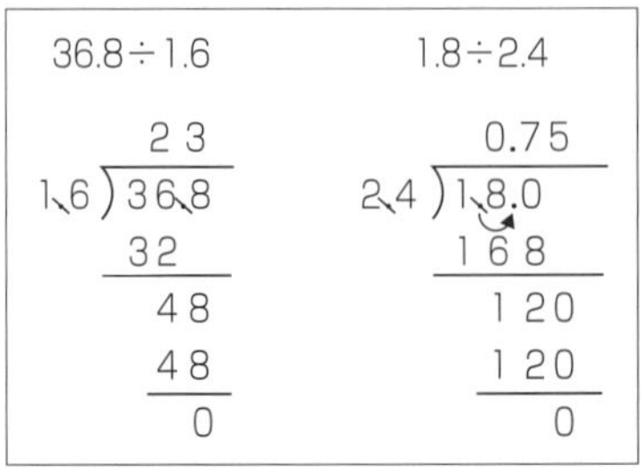

36.8÷1.6
1.8÷2.4
23
1.6)36.8
32
48
48
0
0.75
2.4)1.8.0
168
120
120
0

その際，商における小数点の位置は，

動かした後の被除数に合わせなければならないことに注意する。

② 余りの小数点

小数のわり算において，途中で商を止めて余りを表示することがある。その際，余りの小数点については，被除数の元の小数点の位置となる。

右の例の場合，求める計算はあくまでも $24 \div 5.6$ であり，$240 \div 56$ ではないので，余りは 16 ではなく 1.6 である。

3）整数÷分数，分数÷分数の計算

同じことなので分数÷分数の場合を取り上げる。

① 図で意味を考える

前頁の〔**問題9**〕は $\frac{3}{5} \div \frac{2}{3}$ と立式できるが，数直線図（図 3-38）で「$\div \frac{2}{3}$」の意味を考えると，「$\frac{2}{3}$ を1に戻すことだから，2で割って $\frac{1}{3}$ にしてから3倍すればよい」すなわち

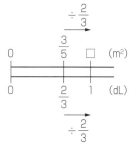

$$\frac{3}{5} \div \frac{2}{3} = \left(\frac{3}{5} \div 2\right) \times 3 = \frac{3}{5 \times 2} \times 3 = \frac{3 \times 3}{5 \times 2} = \frac{9}{10}$$

図 3-38 ÷分数の数直線図

これは，面積図を用いて図 3-39 のように説明することもできる。

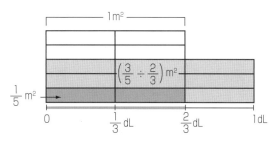

図 3-39 分数÷分数

② 除法の性質を利用する

被除数と除数に同じ数をかけても変わらないから，両者に逆数 $\frac{3}{2}$ をかけると

$$\frac{3}{5} \div \frac{2}{3} = \left(\frac{3}{5} \times \frac{3}{2}\right) \div \left(\frac{2}{3} \times \frac{3}{2}\right) = \left(\frac{3}{5} \times \frac{3}{2}\right) \div 1 = \frac{3}{5} \times \frac{3}{2} = \frac{9}{10}$$

いずれにしても分数÷分数の公式は次のようになる。

$$\frac{b}{a} \div \frac{d}{c} = \frac{b}{a} \times \frac{c}{d}$$

最終的には**除法とは除数の逆数をかけることである**という形で統一的に表現される。しかしこれは分数の除法の「定義」ではなく，除法の意味から導かれる結果であることをきちんと理解させたい。

7．概数と概算の指導

(1) 概数・概算の意味

新学習指導要領では，「計算の結果の見積り」についての内容は第4学年に位置付けられており，「数学的活動」にも取り入れられている。

概数とは「およその数」ということであり，**概算**とは目的に応じて概数で計算処理を行うことである。概数は正確な数値ではないが，場面に応じて手際よく処理したり，計算結果をチェックしたりするために大切な考え方である。

1) 概数が用いられる場面
① 詳しい値がわかっていても，知る必要がない場合

都市の人口や野球場の入場者数等，1の位まで知ることにあまり意味がない場合，大体の数を示して大きさを実感させる。右の例の場合，正確には有効数字の考え方からは 4.8×10^4 とするほうがよいが，48000と書いてその意味を示すことにしている。

② 詳しい値を求めることができない場合

測定の精度に限界がある場合や，未来の予測であるため詳細まで決定できない場合等がある。

2) 概算が用いられる場面
① だいたいの結果を求めたいとき

買い物のときに，手持ちの金額で買えるかどうか，概算によって判断する。こういう場合には超えてはいけないので，切り上げ計算をするとよい。

② 計算の確かめをするとき

計算結果が妥当なものであるかどうか，概数による計算で大体の見当をつける。桁違いの値になっていたら，何らかのミスがあったと判断できる。

(2) 概数・概算の処理の仕方

1) 切り捨て・切り上げ・四捨五入

ある単位未満のところを処理する場合に，その単位より下の位をすべて0にしてしまうのが「**切り捨て**」，その単位に1を加えて，それより下をすべて0にするのが「**切り上げ**」，その単位の一つ下の位の数が4以下なら切り捨てて5以上なら切り上げるのが「**四捨五入**」である。通常最も多く用いられるのは四捨五入であるが，場面に応じてこれらを使い分けられることも大事である。

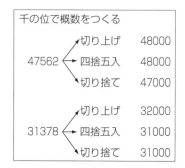

2）計算結果の見積り

① 和，差の見積り

買い物等で合計がいくらぐらいになるか見積もるには，それぞれの数値をあらかじめ概数にしてから計算を行う。この際，概数の位は同じにそろえておく必要がある。

```
3674円 ⟶ 3700円
1392円 ⟶ 1400円
 621円 ⟶  600円
───────────────────
       およそ5700円
```

また，「1000円で収まるか」というような見積りを行う場合には，それぞれの数値を切り上げて，和が1000円を超えないことを保証する。逆に「1000円以上になるか」というような見積りを行う場合には，切り捨てて和が1000円以上になることを確かめる。

② 積，商の見積り

かけ算の場合も，見積りによってある程度の結果を得ることができる。これは実際に計算する代わりに行っているのであるから，暗算でできるように，上から1桁の概数にして**暗算**で計算を行う。

```
  320      300
 ×209     ×200
          ─────
        およそ60000
```

また，ある程度桁数の多い数に対する除法の筆算を行うときも，積の見積りが重要な役割を果たす。

8．数量の関係を表す式の指導

(1) 式の表現と働き

小学校低学年から，文章題を解決するには必ず式を立て，それを計算して答えを求めるように，式は数量やそれらの間の関係を簡潔にわかりやすく表現する形式である。低学年では具体的な数値をもとに式を立てるが，高学年になると空白□や文字 x を用いて，より一般的に成り立つ関係や公式，法則を表すようになる。

例えば半径5 cmの円の面積は $5 \times 5 \times 3.14$ として計算できるが，これは「円の面積＝半径×半径×円周率」という一般的な式の特殊な場合になっている。中学校では文字を使って一般的に「$S = \pi r^2$」と表すが，小学校算数でも考え方は同じである。これは面積を半径の関数として表しているともみることができるように，式による表現はやがて関数概念にも通じていく重要な考え方である。

また，例えば $3+5=8$ という等式には，「3と5を足すと8になる」という動的な意味と「3と5の和は8に等しい」という静的な意味の2通りがあるので，使われている場面に注意する必要がある。

(2) フレーズ（句）型の式とセンテンス（文）型の式

$3+5$ や $\frac{2}{5}+\frac{1}{2}$，$x+y$ のように全体で1つの数量を表している式を**フレーズ（句）型**と呼び，$3+5=8$ や $\frac{2}{5}+\frac{1}{2}<1$，$a=x+y$ のように等式や不等式として完結した文になっている式を**センテンス（文）型**と呼ぶ。センテンス型の方は等号や不等号が成り立っていればよいので $10\left(\frac{2}{5}+\frac{1}{2}\right)<10$ のように定数をかけても

よいが，フレーズ型は数量を表しているので $\frac{2}{5}+\frac{1}{2}=4+5$ のようにしてはいけない。このような誤った運用は，両方の型を意識していない児童によく起こる。

(3) 式の読み取り

式にはいろいろな考えや法則が表されているので，逆に式からその内容を読み取ることが大切である。読み取る内容としては，以下のようなものがある。
① 式の要素が表す具体的な場面をとらえる
② 式の要素の間に成り立つ一般的な法則を理解する
③ 式にいろいろな値をあてはめて適用する
④ 式がつくられたときの思考過程を読み取る

自ら式をつくるだけでなく，別の人が書いた式を様々な観点から読み取る力をつけることも，式のよさを知り，運用する能力を高める上でとても大事である。

9.「数と計算」に関する主体的・対話的で深い学びの数学的活動

(1) 整数を扱った数学的活動

【対象学年】　第1学年
【単　元】　100までの2位数
【テーマ】　100までの数を具体物で数えて十進位取り記数法で表記する活動
【背景と目的】
① 設定の理由

就学前の幼児や第1学年の児童が100まで数唱できるとしても，実際にその数くらいの具体物を数えられることや，数として把握することとは違う。10を超える数を認識するには10を単位とした位取りの原理を使った見方が不可欠であり，それは実際に物を数えるという体験の中でその必要性が現れてくる。

整数の概念は「10までの数」,「20までの数」,「100までの数」,「1000までの数」,…と，数を拡張する中で，数の表し方，用い方を深化・発展させ，数概念の形成を図ることが大切である。ここでは，100までの2位数を対象とする。

② ねらい

この活動を通して，次のような学びを主体的に獲得する。
・たくさんある具体物の数を数えるとき，10ずつまとめるのがよい。
・10のまとまりと残りの数え方で，その大きさをみる。
・2位数の読み方と書き方を知る（記数法）。
・2位数が示す各数字の意味を理解する（位取りの原理）。
・2位数の構成を乗法的，加法的にみることができる（例えば，63は，10が6つと1が3つ，とみる）。

さらに，発展的には，
・2位数の構成をもとに数100について考える。

【活動内容】具体物を操作し数量を見いだす活動，数学的に表現し伝え合う活動

黒豆を数える（図3-40）。（児童の両手いっぱいにのせた数で90個程度になり，それは適当な100までの2位数になる。）

次の手順で行う。

① 数えるとき，教師やクラスメイト

図3-40　黒豆を数える

とのかかわりの中で，自分以外の人が確認しやすいような工夫を促す。

② 10のまとまりを輪ゴム等で囲む。

③ 輪ゴム等で囲んだ10のまとまりの数とまとまりから外れた残りから，全部の個数を確認する。

④ 全部の個数を十進位取り記数法で表記する。

【期待される効果】

十進位取り記数法では，それぞれの位を単位とする数が10になると次の位に進み，10に満たない端数（残り）がそれぞれの位の数字に表される。その基礎は，例えば，14を「10と4」という見方である。そして位取り記数法を理解するためには，その構成を乗法的，加法的にみなければならない。例えば，63を「10が6つと1が3つ」という見方である。この黒豆を数える数学的活動を通してこれらは修得でき，この活動の後は14をもはや「104」とは書かないと期待できる。

そして，10のまとまりをつくりながら，数える個数がいよいよ99を超え，「十の位」から「百の位」へ進むには，「10」で10のまとまりをつくることとなり，さらなる思考の質的な発展へとつながる。

このような体験的な活動は日常生活の中でも設定可能なので，就学前の子どもにも機会があれば体験させておきたい。

（2）小数と分数を扱った数学的活動

【対象学年】　第5学年

【単　元】　分数の意味と表し方

【テーマ】　小数で表すとき，わり切れて有限小数になるのはどういう分数か？

【背景と目的】

分数に対する感覚を養うためには，小数と対応させたり数直線上に位置づけたりするのが有効である。このような操作によって分数を量的にとらえることが可能となり，分数を確かに数としてとらえることができるようになる。

新学習指導要領解説算数編には，「分数には有限小数では表せないものもある」と記述されるだけで，分数と小数の間の関係の詳細には触れていない。そのためこの活動では，分数を小数で表すことにより，同じ分数でも小数にすると異なる

形になるものがあることを知るとともに，そこに横たわる関係性にも気づかせるようにしたい。

多くの実例を通してこの関係について考察することは，小数・分数における「単位」の違いを意識したり，十進位取り記数法を背景とした小数の特徴を理解したりするのに有効である。

【活動内容】小数と分数を統合的に考察する活動〜わり切れる分数とわり切れない分数〜（算数の学習場面から算数の問題をみいだして解決し，解決過程を振り返り統合的・発展的に考察する活動）

① いろいろな分数を小数で表し，わり切れる場合とわり切れない場合に分ける。
② どのような場合にわり切れて有限小数になるのか，共通点を探る。
③ わり切れる場合に分数表示と小数表示の関係を考察する。

【教師の発問】これから書く分数を小数に直してみましょう。
$\frac{1}{2}, \frac{1}{3}, \frac{1}{4}, \frac{1}{5}, \frac{1}{6}$
【児童の活動】
$\frac{1}{2} = 0.5$　　$\frac{1}{3} = 0.3333\cdots$　　$\frac{1}{4} = 0.25$　　$\frac{1}{5} = 0.2$　　$\frac{1}{6} = 0.1666\cdots$

【教師の発問】どんなことに気がつきますか？
【児童の活動】途中でわり切れるものと，いつまでも続くものがあります。

【教師の発問】わり切れる分数はほかにありますか？　分子は1でいいです。
【児童の活動】$\frac{1}{10} = 0.1$　　$\frac{1}{20} = 0.05$　　$\frac{1}{40} = 0.025$　　$\frac{1}{50} = 0.02$
こんな風に，わり切れるものの分母を10倍してもわり切れます。もっと10をかけて，分母を100, 200, 400にしてもわり切れます。

【教師の発問】10倍すること以外ではどうかな？
【児童の活動】分母を2倍にしてもわり切れます。
$\frac{1}{2} = 0.5$　　$\frac{1}{4} = 0.25$　　$\frac{1}{8} = 0.125$　　$\frac{1}{16} = 0.0625$
$\frac{1}{25} = 0.04$ というのもあって，分母を5倍してもわり切れます。

【教師の発問】よくみつけたね。わり切れるのはどういう場合だろう？
【児童の活動】わり切れる分数の分母を2倍や5倍したときです。

【まとめ】分母が2と5だけをかけた数のとき，わり切れる。

> 【教師の発問】どうしてこういう小数になるか説明できますか？
> 【児童の活動】
> $\frac{1}{40} = \frac{1 \times 25}{40 \times 25} = \frac{25}{1000} = 0.025$
> 分母に適当な数をかけて 100 や 1000 等にすれば小数になります。

【期待される効果】

　この活動を通して児童は，「小数とは分母が 10, 100, 1000 等のときの分数と同じである」「小数は分母が限られているが，分数は分母を自由に決められる」「2 や 5 は 10 の約数だから適当な数をかけて 10 をつくることができる」というようなことに気付くであろう。そうした気付きを通して，十進位取り記数法の構造への理解も深まるとともに，わり切れない場合への興味も喚起されると期待される。わり算を行う中で，わり切れない場合には同じ数字が繰り返されることも発見され，そちらのほうに興味が出てくるかもしれない。このように様々な広がりをもつ活動であり，小数・分数のそれぞれの特徴も浮き彫りにされる。

- 課題2　なぜ分母が 2 と 5 だけの積でできているときだけなのだろうか。
- 課題3　わり切れずに無限小数になるときは必ず循環小数になるのだろうか。
- 課題4　逆に小数を分数にするにはどうすればよいだろうか。

第4章 「B 図形」の指導

1.「B 図形」の指導内容

数学的な見方・考え方	・図形を構成する要素，それらの位置関係や図形間の関係などに着目して捉え，根拠を基に筋道を立てて考えたり，統合的・発展的に考えたりすること			
	図形の概念について理解し，その性質について考察すること	図形の構成の仕方について考察すること	図形の計算の仕方について考察すること	図形の性質を日常生活に生かすこと
第1学年	・形の特徴	・形作り・分解		・形 ・ものの位置
第2学年	・三角形，四角形，正方形，長方形，直角三角形 ・箱の形	・三角形，四角形，正方形，長方形，直角三角形 ・箱の形		・正方形，長方形，直角三角形
第3学年	・二等辺三角形，正三角形 ・円，球	・二等辺三角形，正三角形 ・円		・二等辺三角形，正三角形 ・円，球
第4学年	・平行四辺形，ひし形，台形 ・立方体，直方体	・平行四辺形，ひし形，台形 ・直方体の見取り図，展開図	・角の大きさ ・正方形，長方形の求積	・平行四辺形，ひし形，台形 ・立方体，直方体 ・ものの位置の表し方
第5学年	・多角形，正多角形 ・三角形の三つの角，四角形の四つの角の大きさの和 ・直径と円周との関係 ・角柱，円柱	・正多角形 ・合同な図形 ・柱体の見取図，展開図	・三角形，平行四辺形，ひし形，台形の求積 ・立方体，直方体の求積	・正多角形 ・角柱，円柱
第6学年	・対称な図形	・対称な図形 ・縮図や拡大図	・円の求積 ・角柱，円柱の求積	・対称な図形 ・縮図や拡大図による測量 ・概形とおよその面積

　図形の指導内容を列挙する前に，指導において大切なことを述べておきたい。それは，学習や生活に必要な図形について，児童の中に図形について豊かなイメージをつくることである。

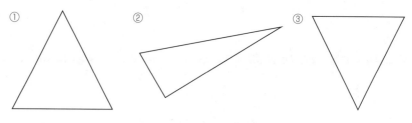

図4-1　いろいろな三角形

　具体的にいえば，三角形といわれれば，図4-1の①のようなものだけではなく，②も浮かぶようにさせることが大切である。さらには，③のようなものまで想起できる児童を育てたい。教科書で示される三角形は，いわゆる安定している①のような場合が多く，②，③を思い浮かべない児童がいる。これでは，真の図形理解とはいえない。

　そのためには，図形を規定する定義，その図形がもつ性質，それらの性質を探究したり，図形を構成したりする過程で類推，帰納，演繹等の論理的な考え方等も合わせて体験させることが重要となる。このことは，新学習指導要領解説算数編（第2章 第2節 2 B）の「図形」領域のねらいにも，以下のように明確に示されている。

・基本的な図形や空間の概念について理解し，図形についての豊かな感覚の育成を図るとともに，図形を構成したり，図形の面積や体積を求めたりすること。
・図形を構成する要素とその関係，図形間の関係に着目して，図形の性質，図形の構成の仕方，図形の計量について考察すること，図形の学習を通して，筋道立てた考察の仕方を知り，筋道立てて説明すること。
・図形の機能的な特徴のよさや図形の美しさに気付き，図形の性質を生活や学習に活用しようとする態度を身に付けること。

　これらのねらいを達成するために，「図形」の指導内容を数学的な見方・考え方に着目して整理すると以下のようになる。

　①　図形の概念について理解し，その性質について考察すること。
　②　図形の構成の仕方について考察すること。
　③　図形の計量の仕方について考察すること。
　④　図形の性質を日常生活に生かすこと。

　この4観点から，指導項目とその内容を示す。

　①　**図形の概念について理解し，その性質について考察すること**

　まず図形の概念を理解させることである。そのためには，図形に親しませることが第一歩である。例えば第1学年では，ものの形に着目させて，仲間分けや形遊び等をさせたり，箱をつんだり，面をうつしとったりする活動をさせる。こうした経験を多くさせることで，児童なりに図形とは何かをつかむことができる。活動を多くさせることは授業準備に時間がかかるが，指導者として省略してはならない活動であると肝に銘じておきたい。

図形の構成要素（辺の数，面の数，角の数等）に着目させる際にも，活動させることが重要である。例えば，様々な二等辺三角形を2つに折ることで，2つの角の大きさが等しいということが実感できるものである。また，図形を構成する要素間の関係に着目させる（例　辺と辺，辺と面，面と面との間にある垂直，平行と位置関係等）場合も，例えば，授業で地図を登場させ，道路の交わり方を意識させること等，児童の生活から学習を組み立てたい。

②　図形の構成の仕方について考察すること

　図形を構成するとは，身の回りの物や色板等を使って図形をつくったり，図形を分解したりすること，紙を折ったり切ったりして図形をつくること，コンパス，定規，分度器等を使って作図することである。

　例えば，第3学年では，辺の長さに着目させ，二等辺三角形や正三角形の作図方法を考えさせる。いろいろな二等辺三角形を観察させておくと，コンパスと定規を使わず，紙を2つに折ってもできる等といった考えを出す児童も出てくる。

　第5，6学年では2つの図形の関係に着目して，合同な図形，あるいは拡大，縮小した図形の構成の仕方等を考察していく。「2つの形が同じかどうかをどうやって確かめるのか」という問いかけから始めたい。「ぴったり重ねる」という言葉が児童から出れば，図形の構成要素でいうと，何が同じなのかを問いながら合同な図形の性質を児童から引き出し，図形の構成の仕方に関する資質・能力を高めていきたい。

③　図形の計量の仕方について考察すること

　図形の性質や構成要素に注目させながら，図形の計量の仕方について考えさせることも重要である。

　平面図形では，点，辺，角，面，立体図形では，点，辺，角，面，体が図形の構成要素になるが，算数ではこれらの図形の構成要素の大きさを数値化することを順に考えさせている。一番初めに数値化されるのは，辺の長さである。これを意識させると，角の大きさ，平面図形における面の大きさ，立体図形における体の大きさが数値化できないかという発想が生まれてくる。教師は，学習内容を単に示すだけではなく，なぜこのような学習があるのかを児童に伝えることができるようにしておきたい。

　面積を求めるとき，平面図形では，三角形や四角形のように求めやすい形に変形したり，立体図形では，直方体や立方体とみたり，それらに分ける工夫をしたりすることで，既習の求積で求められる図形に変形していく見方や考え方を育てていくことも重要である。

④　図形の性質を日常生活に生かすこと

　学習した事柄が日常生活で生かすことができると，児童はその学習価値を実感するものである。例えば，遊園地で敷き詰められているタイル等を取り上げ，図形のもつ美しさに改めて気付かせる等，図形の性質が生かされている日常を感得させたい。

　図形がもつ機能的な面にも注目させたい。例えば，円柱や球は転がるというよ

さがあり，それを生かしている身近な製品はすぐに見つけることができる。また，図形の性質を利用して測量ができることも，日常場面で知らせておきたい。

- ●課題1　図形領域のねらいをもう一度確認しておこう。
- ●課題2　数学的な見方・考え方から指導内容を4つに分けて述べてみよう。

2．概念定義と概念イメージ

概念とは簡単にいえば「理解している物事に共通している特徴」である。図形の概念には，図形そのものを対象に扱うという意味での**対象概念**と，図形と図形との間，あるいは図形に関する量の間の関係としての**関係概念**の2つがある。

対象概念と関係概念を示すと次のようになる。

＜対象概念＞
構成要素：点（頂点），直線（線分，辺，半径，直径，対角線），面
平面図形：角（内角，外角），三角形（正三角形，二等辺三角形，鋭角三角形，鈍角三角形，直角三角形），四角形（正方形，長方形，平行四辺形，ひし形，台形，たこ形，一般四角形），多角形（正多角形），円，おうぎ形
立体図形：立方体，直方体：角柱，円柱，球
＜関係概念＞
結合，（長さ，面積，体積，角等の）相等や大小，平行，垂直，合同，対称（線対称，点対称），相似（拡大や縮小）

概念を形成するには，感覚だけをもとにした弁別学習では十分にできない。その概念を規定する特徴を正しく抽出し，最終的には，それを言葉で伝えられる段階まで到達させるべきである。

そのためには，多くの事例をその概念にあてはまるものとそうでないものとに分類する活動を通して，その概念を規定する特徴をまとめていくことが必要である。

例えば，長方形の概念形成をする場合，初めから「長方形とは，4つの角がみんな直角である四角形である」と指導することは，単に長方形の定義を一方的に与えただけで，抽象化の考えに基づいた長方形の概念形成の過程を経ていない。

教科書，ノート，画用紙等をみると，三角定規や円と違い，何かそれらに共通な形を認めることができる。この共通性を引き出したとき，初めて一つの図形概念が生まれ，長方形という用語で表現することになる。

ちなみに，共通でないものを捨て去ることを「捨象する」という。また，共通なものを取り出すことを「抽象する」という。さらに抽象した性質を用いて，この性質をもった新しいものを求めることを「具体化」という。

また，概念には，内包と外延がある。この両方を明らかにすることによって概念形成が図られる。

内包とはその概念に当てはまるものが共通にもっている属性（性質）のことである。例えば，平行四辺形の内包は，「平行四辺形は，2組の向かい合う辺が平行である」，「平行四辺形は2組の向かい合う角の大きさは等しい」等の性質である。内包は言葉による文章で規定される。

外延は，その概念に当てはまるものの範囲（集合）のことである。例えば，平行四辺形の外延は，図4-2のようないろいろな平行四辺形である。

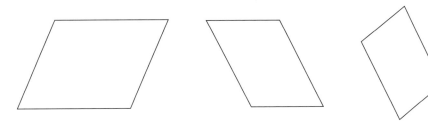

図4-2　いろいろな平行四辺形

新しい概念を理解させるには，内包と外延の2つの面からのアプローチがある。

内包からのアプローチは，例えば，「2組の対辺が平行な四角形を平行四辺形という」のように，平行四辺形のもつ性質の一部を言葉で述べて概念を示そうとするものである。

外延からのアプローチは，例えば，低学年で四角形の概念形成をしようとするとき，いろいろな形をした色板を，ある観点から仲間分けをさせ，集まったかたまりについて用語を教えるといった方法である。言葉による理解が難しい低学年では，このアプローチが有効である。

「感覚教育」という言葉がある。言葉によるコミュニケーションが，まだ十分でない段階の児童は，感覚を大切にしたいということである。視覚・触覚等に訴える具体的操作活動が低学年で多いのは，このことによる。

図形概念を確かにするために有効な活動に作図がある。例えば，等辺が4cmである二等辺三角形をかかせると，一人一人が様々な図をかく（図4-3）。

図4-3　いろいろな二等辺三角形

このように等辺4cmの二等辺三角形は様々である。これらの二等辺三角形を眺める中で，児童は二等辺三角形の概念を豊かにすることができる。

この領域で指導すべき事柄と流れを図形の概念形成の視点でまとめると，まず身の回りにあるものの形に目を向けさせて，徐々に図形をとらえさせる学習，そして図形の構成要素に着目させながら基本図形についての概念を形成させる学習，さらに図形を弁別したり，図形を構成（作図）したり，図形の性質を明らかにしたりする学習と示すことができる。

- ●課題3　概念とは何かを説明してみよう。
- ●課題4　概念形成は大きく2つに分けられる。その2つを具体的に説明しよう。

3．平面図形の指導

（1）三角形・四角形の概念

平面上にかかれた図形を**平面図形**という。第1学年では，図形を「しかく」「さんかく」「まる」といった概形でとらえている。本格的な平面図形は，第2学年で三角形，四角形から導入される。

3本の直線で囲まれている形を**三角形**という。三角形かどうかは「3本，直線，囲まれている」ことがポイントである。また，**四角形**は，4つの直線で囲まれている形である。

三角形と四角形を同学年で扱うのは，2つが基本図形であることもあるが，比較させる中で，児童が違いを認識して理解を深めるからである。授業において，児童が「5本の直線で囲まれている形は五角形」等と自ら発展させていくことを促したい。

3本の直線のことを三角形の**辺**といい，直線の交点を三角形の**頂点**という。四角形についても同様である。

図形の構成要素（辺や角の大きさ）から，三角形が仲間分けできることも押さえておきたい。この後，三角形と四角形の構成要素の違いから，あらためて辺を知らせ，その数の違いを意識させる等，丁寧な指導を心掛けたい。

2つの辺の長さが等しい三角形を**二等辺三角形**という（図4-4）。

3つの辺の長さが等しい三角形を**正三角形**という（図4-4）。

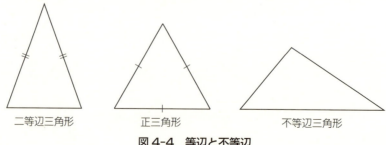

図4-4　等辺と不等辺

こうしたことを教えるときに，「主体的な学び」を生み出すために，「2つの辺

の長さが等しい三角形のあとは，どんな三角形を考えるとよいでしょう」等と児童に投げかけたい。「3つの辺の長さが等しい」とか「3つの辺とも等しくない」，あるいは「1つの辺が等しい」とつぶやく児童がいるかもしれない。こうした問いの積み重ねで，児童の主体性が育つものである。

また，こうしたときには大いにほめることができる場面である。

「2つの辺を3つの辺にして考えられることは素晴らしいことですね。3つの辺の長さが等しい三角形は正三角形です」

「そうだね。3つの辺とも等しくない三角形は確かにあるね。教科書では取り上げられていませんが，**不等辺三角形**と言います」

「1つの辺が等しいとはどういうこと？」

等と児童と対話をしたり，児童同士の対話を促したりしながら，授業を展開するとよい。

(2) 長方形・正方形の概念

長方形は，4つの角が直角になっている四角形である。**正方形**は，4つの辺の長さが等しく，4つの角が直角である四角形である。こうした定義をする前に，これまで児童は箱等の面に目を向けて，「ながしかく」「ましかく」といった言葉を用いて，長方形や正方形を扱ってきていることを確認しておきたい。

したがって，いくつかの「ながしかく」や「ましかく」を登場させ，どれにも共通することを見つけさせる授業展開をしてもよい。その際に，定義（例 直角が4つある）だけでなく，性質（例 2組の向かい合った辺の長さはそれぞれ等しい）に関わることまで，児童は表現することが予想できる。気づいたことを大いにほめ，定義と性質を区別しながら板書するとよい。

なお，定義とは，「数学上の用語の意味を規定する文章」をいう。事物が定義されると，その事物についての特徴が導かれる。これを性質という。

直角を登場させるには，「本やノートの角（かど）の形をこの紙でつくってみましょう」等と指示し，「角（かど）の形」をつくらせることをするとよい（図4-5）。

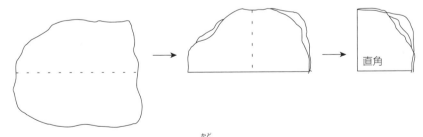

図4-5 角（かど）の形をつくる

その上で，角（かど）の形を「直角」と呼ぶことを知らせる。

なお，「**角（かく）**」とは，一つの点から出ている2直線がつくる図形のことである。図形の名称であれば，「角の大きさ」は「図形の大きさ」となるわけで，角度を表すとみることは適切でないと思うかもしれない。図形的な説明における

角は先に述べたとおりであるが、角は、1つの点から出ている2直線の開き具合の大きさ、つまり量としてみることもあることを補足しておく。

(3) 台形、平行四辺形、ひし形の概念

学年が上がるにつれて、要素間の関係に着目させることになる。辺と辺、辺と面、面と面の間にある垂直、平行といった位置関係、辺の長さや角の大きさに間にある数量的な関係を取り上げることになる。

第4学年では、まず直線の位置関係に着目させる。例えば、授業で地図を登場させ、道路の交わり方を意識させる等、児童の身近な生活体験から学習を組み立てたい。

児童の中には、直角と垂直をまったく同じようにとらえ、交わっているところにできる角を垂直と表現するときがある。小学校の段階においても、用語の定義はきっちり指導しておきたい。

垂直、平行といった直線どうしの位置関係を児童がつかむと、図形の特徴がさらに表現できるようになる。例えば、平行四辺形であれば、「向かい合った辺の長さや、向かい合った角の大きさがそれぞれ等しい」という性質を筋道立てて話すことができるようになる。そうした折に、教師は新たな知識が増えると、とらえ方が広がり深まることも価値付けておきたい。

ここで、あらためて台形、平行四辺形の定義を確認しておく。

台形は、向かい合った1組の辺が平行な四角形である。

平行四辺形は、向かい合った2組の辺のどちらも平行になっている四角形である。

また、平行四辺形の性質は、

① 向かい合った2組の辺の長さは等しい。
② 向かい合った2組の角の大きさは等しい。
③ 2つの対角線は、それぞれのまん中で交わる。

「向かい合う」という見方（特に角）は児童にとって難しい。いろいろな図形の向かい合っている辺に色をつける等の活動を通して理解させておきたい。なお、「向かい合う辺＝平行」と思い込む児童がいる。教師として要注意である。

次にひし形について書いておく。

ひし形は4つの辺の長さが等しい四角形である。教科書はわかりやすさから、ひし形を図4-6の①のように示す場合が多いが、②もひし形である。様々な視点から図形をみることを児童に経験させていきたい。

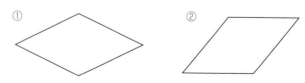

図4-6　ひし形

なお、②をみせると、「平行四辺形みたい」という声が出てくることが多い。

こういうつぶやきは大いに生かしたい。
「みたい，というのは，平行四辺形とどこか違うところがあるということ？」等と，突っ込んだ質問をすると，平行四辺形との違いを児童に意識させることができる。こうした児童のつぶやきを生かし，追質問により本質に気付かせていく展開は，深い学びを生み出すきっかけとなる。

新学習指導要領の四角形の指導では，第2学年で「長方形，正方形」を扱い，第4学年で「台形，平行四辺形，ひし形」を扱っている。この方が児童にとってわかりやすいからである。

なお，「長方形，正方形」と「台形，平行四辺形，ひし形」に分けて指導することの留意点がある。それは，平行四辺形やひし形の指導は，垂直・平行という観点から，図形の構成要素（辺，角）をみていることである。第2学年では，このような見方はできていない。そのため第4学年でも「長方形，正方形」を扱い，垂直・平行という観点で，この2つの図形を見直すことが大切である。

(4) 多角形，正多角形の概念

3本以上の直線で囲まれている形を**多角形**という。多角形には，三角形，四角形，五角形等がある。こうしたことを知らせたときに，「○本の直線で囲まれている形を○角形という」等と，児童に○をいろいろと変化させて表現させ，多角形の定義をしっかり定着させておきたい。こうした概念形成を軽く扱うことで，イメージだけで図形をとらえている児童が多いように思えてならない。

すべての辺の長さが等しく，すべての角の大きさが等しい多角形を**正多角形**という。こうした折にも，正多角形だけを提示するのではなく，長方形やひし形等，正多角形でないものも提示し，児童に構成要素の違いを明確につかませておきたい。

正多角形の導入教材として，図4-7のように円を利用する場合がある。

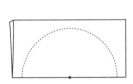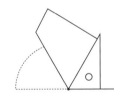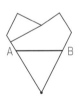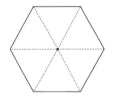

図4-7　正多角形をつくる

このよさは，正多角形を作図する際に，円を活用する考えが出やすいことがある。

(5) 円の概念

円については，小学生という発達段階を考えて，次のように例示的な定義がされている。

図4-8のような，コンパスでかいたようなまるい形を**円**という。

アを円の**中心**，中心から円のまわりまで引いたアイのような直線を**半径**といい，ウエのように中心を通り，まわりからまわりまで引いた直線を**直径**という。

なお，小学校での基本的な用語について厳密な定義を避ける場合があることを理解しておきたい。

例えば，線分・半直線・直線をすべて**直線**と呼んでいる。三角形は内部を含むときと，辺だけを指すときがある。厳密にしすぎると，児童の学習活動を阻害することになるからである。

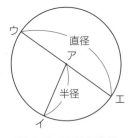

図4-8 直径と半径

- ●**課題5** 三角形の概念形成をする上で留意すべきことは何だろうか。
- ●**課題6** 基本図形の定義を挙げてみよう。
- ●**課題7** 主体的な学びを生み出すためにどのような問いをするとよいだろうか。

4．図形の性質と論証の指導

算数科において，「筋道を立てて考えさせる」ことは，正しいことをみいだしたり，みいだしたことの正しさを確かめたりする上で欠くことのできないものである。ある事実の正しさや自分の判断の正しさを他者に説明する際にも必要になる。そのような説明の必要性は学年の進行に伴って増していくが，それらの場面で筋道を立てて説明する能力が身につくことが期待されている。

次の写真（写真4-1）をみてほしい。第1学年の「かたちづくり」の授業場面である。

魚の枠の中に，直角三角形をはめて，図を完成させる授業の一コマである。みてわかるように，この児童は行き詰まってしまい，試行錯誤を始めている。

もちろん1年生の段階で，この場面を筋道立てて考え，解決できるものではな

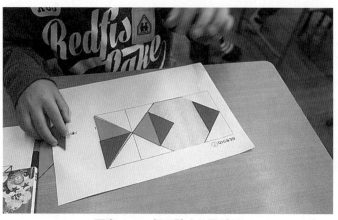

写真4-1 行き詰まる子ども

く，どちらかというと直観を働かせる場面であるが，少なくとも打開のために考えさせる場面である。

　論理的な思考をさせるには，このような児童が実際にいることを踏まえて，どう授業を展開していくかを考えておくことが大切である。この児童の場合は，隣席の児童の図をみて，自分との違いに気づき，直角三角形を置き直していった。隣の児童の活動をみて修正したのだから，真にこの児童は解っていないと悲観的にとらえる必要はない。隣席の児童がうまくやれていることを判断できる力，どのように図形を置いて構成しているかを読み取る力があるととらえたい。

　また，できることなら，試行錯誤の過程を児童の言葉で表現させるといい。1年生であるため，多くを望むことはないが，児童の言葉から，要素に着目していることの価値付けができるとよい。

　このように算数科では，問題を解決したり，物事を判断したり，推論を進めたりしていく過程において，見通しをもち筋道を立てて考えて，いろいろな性質や法則等を発見したり確かめたり，筋道を立てて説明したりする資質・能力の育成をねらいの一つとしている。

　以下に，論証のために活用する「論理的思考」を「帰納的な考え」「類推的な考え」「演繹的な考え」に分けて整理しておく。

(1) 帰納的な考え

　帰納的な考えとは，図4-9のように，いくつかの具体的な例に共通する一般的な事柄をみいだす考え方である。特殊から一般へとなる。

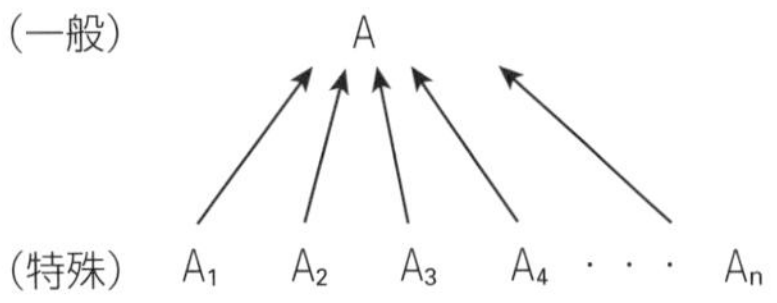

図4-9　特殊から一般へ

　例えば，いくつかの三角形の角の大きさを調べて「三角形の3つの角の和は180°である」と結論づけることは，この考えによる。

　帰納的な考えは，算数の学習において重要な思考である。特に，図形に関する性質や関係の予想や発見には不可欠のものといってもよい。

　ただし，帰納的な考えは，その性質から，帰納によって得られた知識の真実性は完全なものではなく，実際にあたった事例の数や事例の適性に依存するので，多くの事例で確かめる必要がある。

(2) 類推的な考え

　類推的な考えは，類似な場面や内容であると考えられる2つのものについて，その一方に関して成り立つ事柄は，他方に関しても同様に成り立つのではないかと推論する考えである。

　例えば，「長方形や正方形の4つの角の和は360度なので，一般の四角形の4つの角の和は360度ではないか」と類推するのは，この考えによる。類推的な考えは，ほとんど無意識に使われている。

大切なことは、算数授業において、気軽に帰納的な考えや類推的な考えを出せるかどうかである。間違っていてもよい。児童からの「こういう感じがする」「こんなことがいえそうだ」といった曖昧な意見でも、ぜひ取り上げていきたい。そして、時として、教師は「あなたの考えは、帰納的な考え方というのだよ。素晴らしい」と価値付けていきたい。

(3) 演繹的な考え

演繹的な考えは、すでに正しいことが明らかになっている事柄をもとにして別の新しい事柄が正しいことを説明することである。

例えば、「三角形の3つの角の和が180度であることを利用して、四角形の4つの和が360度となることを説明する」ことは、演繹的な考えである。

- ●課題8　論理的思考を3つ挙げ、それぞれを説明しよう。
- ●課題9　児童の思考力を高めるにはどのような授業雰囲気が大切だろうか。

5．作図法の指導

(1) 小学校における作図

幾何学上の作図といえば、定規とコンパスだけを用いて作図することをいうが、一般的には、ある条件に合う図形をかくことを作図という。小学校では方眼紙や分度器等を用いて図をかくことも作図としている。

第2学年では、次のような問題を掲載している教科書が多い。

> 問　方眼紙に次の図形をかきましょう
> ア　2つの辺の長さが3cmと5cmの長方形
> イ　直角になる2つの辺の長さが3cmと6cmの直角三角形

児童が作図しやすいように1cmマスの方眼が示されている。さらに自分で辺の長さを決めて、いろいろな長方形や直角三角形をかくように指示している。

(2) 円の作図

第3学年では、円の作図が扱われる。それまで「まるい」とか「まんまる」と言ってきた形を「円」ということを知らせることから学習は始まる。

したがって、コンパスを使わせる前に、わずかな時間でよいので、例えば、「まんまるな形」をかくにはどうしたらよいのかと問うことが大切である。数学用語で言えば、「中心」と「半径」を意識したかき方を発表する児童がいるはずである。その上で、コンパスの使い方を丁寧に知らせ、だれもがきれいな円がかけるように指導したい。円を使っていろいろな模様をかかせる活動をさせながら、円の美しさを体感させる意味でも、きれいな円がかけるようにしておきたい。

何度もかかせる中で、円のまん中の点を「中心」、中心から円のまわりまでひ

いた直線を「半径」ということを修得させればよい。

「中心」という用語の学習後も，児童の発言「円のまん中の点」につられて教師までも同様の表現で話していた場面に出会ったことがある。これでは数学用語は定着しない。教師が範を示すべきである。

なお，コンパスを使って長さを調べたり，線分を移したりする活動も重要である。

(3) 垂直や平行の作図，直方体や立方体の見取図や展開図

第4学年では，垂直や平行が扱われるが，まず直線の位置関係に着目させることが大切である。例えば，授業で地図を登場させ，道路の交わり方を意識させたり，地図の上に紙を置き，道路を写し取る活動（作図）をさせたりしながら，児童の身近な事柄から，直線の位置関係の学習を展開したい。

こうした作図を通して，二直線の位置関係には，交わる場合と交わらない場合があること，さらに，交わる場合においては，特殊な場合として90度で交わる場合のあることに気づかせたい。

また，作図活動によって，二直線の関係には，特殊な場合として，垂直に交わる場合と，交わることのない平行の場合があることを引き出すことができる。

平行といった直線の位置関係に焦点化すると，平行が何組あるかに着目することで，図形を分類することが可能になる。今後，台形，平行四辺形，ひし形に発展していく重要な学習であることを認識しておきたい。

直方体や立方体の見取図や展開図においても，方眼紙を利用してかく活動となる。特に展開図は作図後，実際に切り取って組み立てて確かめることができるので，作図だけで終わることがないようにしたい。作図，切り取り，組み立てをする中で，立方体の展開図は何種類あるだろう（正解は11種類）と，自ら問いをつくり出す児童も出てくるだろう。深い学びを実現するためにも，児童の問いを大切にして，学級全体で追究しておきたい。

(4) 合同な三角形の作図

第5学年では，合同な図形のかき方を学習する。2つの図形の関係を考えたとき，最も基本的な関係として，「ぴったり重なる」という図形の**合同**を取り上げることができる。低学年から具体的な操作を通して2つの図形を「ぴったり重ねる」ことを行ってきている。第5学年では，「ぴったり重ねる」といった具体的な操作をしない場合でも，ぴったり重なることが説明できないかを考えさせることが大切である。

図形の構成要素に着目して，対応する辺の長さや角の大きさが等しいかどうかを考えていく中で，ぴったり重なることを対応する辺の長さや角の大きさが等しいことに置き換えていくことをしっかり理解させたい。

さらに，条件をなるべく少なくして思考を節約しようとする考えから，図形の構成要素のうちどの要素を定めると図形が一つに定まるかという**図形の決定条件**に目を向けることで，合同な図形を作図することに導くことになる。作図までに

至る段階，そして作図を通して，深く学ぶべき場面（三角形の決定条件，合同な三角形のかき方等）が，数多くある。

(5) 線対称，点対称の図形の作図，拡大図，縮図の作図

第6学年では，線対称，点対称の図形の作図，拡大図や縮図の作図を扱う。

線対称，点対称とも，その性質をもつ図形の特徴を学んだ後，理解を深めるために作図させるとよい。性質を理解していても，いざ図をかいてみようとすると，それまでの学習内容を活用できていない児童が多い。丁寧に扱いたい。

拡大図や縮図については，2つの図形間の関係に着目し，合同についての考察をもとに，2つの図形が拡大，縮小の関係にあるのかを考察することから始める。その後，理解を深めるために拡大図や縮図をかく学習となる。なお，方眼を与え，児童が効率的に作業できる配慮をしたい。

いずれにしても，図形の構成要素の考察や作図等の活動を通して，図形のもつ美しさを児童が感じる授業をしたい。

●**課題10** 作図とは何かを説明しよう。
●**課題11** 学習用語を定義した後，教師が心掛けるべきことは何だろうか。

6．立体図形の指導

三次元の空間的広がりをもつ図形を**立体図形**という。あるいは**立体**という。小学校では，立方体，直方体，柱体，球等が扱われる。

(1) 身の回りにあるいろいろな立体の特徴をとらえる

第1学年では，身の回りにあるいろいろな立体の特徴を様々に表現させたい。教師としては，立体のとらえ方には，手でさわって動かしてみるといった動的なとらえ方と，いろいろな方向から眺めてみるような静的なとらえ方があることを頭に入れておくとよい。なお，児童には両方のとらえ方をさせたい。

動的なとらえ方の例としては，
① この立体はどこへでもころがる。
② この立体はある方向にころがる。
③ この立体はころがらない。
等といったとらえ方である。

静的なとらえ方の例としては，
① どこからみても四角。
② 横からみるとながが四角，上からみると丸。
③ 横からみても，上からみても四角。
等といったとらえ方である。特に静的なとらえ方は，立体を仲間分けする際に活用できるので，多くの児童からの発言を促したい。

その中で，徐々に形に着目させ，「箱の形」「ボールの形」「筒の形」等のように概形的にとらえられるようにしたい。

(2) 箱の形の構成要素に着目する

第2学年では，身の回りにある立体の中で，直方体と立方体の形状をしている箱の形に限定して，その構成要素や構成のあり方を体験的に学ばせる。

児童がもってきた箱の面の形を調べたり，面の数を調べたりする活動を通して，箱の構成要素である面の形，面・辺・頂点の数の共通性をまとめる活動を行う。

(3) 球

第3学年では，球を扱う。円を学び，その関連として球を位置づけている教科書が多い。

球には次の特徴があることを押さえたい。
- ころがりやすい。
- どこからみても円。
- 切り開いた展開図をかくことができない。
- どこを切っても，切り口の形は円。

ちなみに切り口のうち，中心を通る最も大きな円を大円といい，その他の円を小円という。大円の中心，半径，直径が，球の中心，半径，直径となる。

(4) 直方体・立方体

第4学年では，直方体と立方体を学習する。

長方形だけ，または長方形と正方形だけで囲まれた形を**直方体**という。正方形だけで囲まれた形を**立方体**という。

直方体は直六面体ともいう。また，四角柱でもある立方体は正六面体でもある。四角形で囲まれた立体は，常に六面体を形づくるので，直方体・立方体の定義において囲む面の数をいう必要はない。

直方体や立方体の構成要素を児童に意識させるために，以下のように，一人一人に表でまとめさせて発表させるとよい（表4-1）。

表4-1　要素の数調べ

	面の数	辺の数	頂点の数
直方体	6	12	8
立方体	6	12	8

さらに面や辺の平行と垂直について，直方体を使って直観的に理解させる（図4-10）。

「面あ」と「面う」は平行であるという。
「面あ」と「面い」は垂直であるという。
「面あ」と「辺アイ」は垂直であるという。

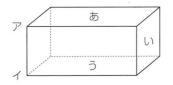

図4-10　面や辺の関係を調べる

「面い」と「辺アイ」は平行であるという。

中学校1年生の「空間図形」につながる大切な学習である。ペアで位置関係を伝え合わせる活動を取り入れる等して，しっかり理解させておきたい。

(5) 角柱・円柱

角柱・円柱は，柱体という観点から仲間をつくることができる。したがって，指導にあたっては，角すいや円すいも提示し，それらを対比することで，角柱・円柱を認識させるとよい。

三角柱　四角柱　五角柱

角柱は，三角柱，四角柱，五角柱等を総称した名称である。その名称を決めるのは，底面の形であることも知らせ，以下のように構成要素を表でまとめさせるとよい（表4-2）。その間に成立するいくつかの決まり〔例　(側面の数)＋2＝面の数〕に気づく児童がいるに違いない。気づきを拾い上げ，学級全体で検討すると授業がさらに深まる。

表4-2　要素の数調べ

	面の数	辺の数	頂点の数
三角柱	5	9	6
四角柱	6	12	8
五角柱	7	15	10

●課題12　図形の構成要素に着目させることが，なぜ大切なのだろうか。
●課題13　立体の2つのとらえ方を挙げ，それぞれ説明しよう。

7．面積・体積・角の計量の指導

面積とは二次元の方向，つまり縦横に広がりをもつ量で，その大きさは，単位面積のいくつ分で表す。

(1) 長方形，正方形の面積

第4学年では，第1学年で体験した広さの感覚から面積の概念へと抽象化を進めることになる。例えば，縦3cm，横5cmの長方形と1辺が4cmの正方形を児童に提示し，「どちらがどれだけ広いか」と質問することから学習を始めるとよい（図4-11）。

まず児童は，重ねて比べることだろう。また，第1，2学年で学習経

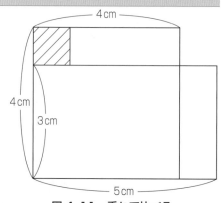

図4-11　重ねて比べる

験をもとに，同じ図形がいくつあるかで比べるとよいと考える児童もいるだろう。

この同じ図形は，隙間なく敷き詰められるもの，敷き詰めたまわりがきちんとした図形になるものといった観点から，正方形がよいことに気づかせたい。

このような過程を経ず，「面積は1辺が1cmの正方形が何個分あるかで表します」と説明したところで，児童は，なぜ単位面積が正方形なのかを理解できない。

また，どちらが広いかと問うたときに，まわりの長さに関係すると考える児童もいる。上記の例でいえば，長方形も正方形もいずれも16 cmである。まわりの長さは同じであることを触れておくとよい。さらに縦1 cm，横7 cm等，まわりの長さが等しい長方形を示し，まわりの長さが同じであっても広さは異なることを視覚化させると，児童の学びが深くなる（図4-12）。

図4-12　まわりの長さが同じ長方形

長方形や正方形の面積は，その内部に敷き詰められる正方形の個数を調べることで数値化できることを踏まえて，公式化する。

$$\text{長方形の面積} = 縦 \times 横 \qquad \text{正方形の面積} = 1辺 \times 1辺$$

このとき，面積の公式は数え方の簡略化であると十分に理解させておくことが大切である。例えば，縦2×横3は，縦にある2個の正方形が横に3列並んでいるので，正方形の合計が6つあると表していると児童に認識させることである。

（2）三角形や平行四辺形の面積

三角形や平行四辺形等の基本的な図形の面積を求める公式は，既習の長方形の公式をもとにつくる。大切なことは，「公式は，与えられて暗記するものではなく，自ら考えてつくり出す」ということである。児童が三角形や平行四辺形を分解・移動・合成等をして既習の図形にする過程が，まさに筋道立てて考える，深い学びを経験する良い場面である。よって，ぜひとも時間を確保して，図4-13のような思考活動（例　三角形→長方形）ができるように授業展開をしたい。

  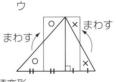

図4-13　三角形の面積

(3) 円の面積と円周率

円周率は第5学年の指導内容であるが、重要なことは、直径の長さと円周の長さとの間に関係がありそうだと気づかせることである。

例えば、円に内接する六角形をもとに、円周は直径のおよそ何倍になっているかを予想し、調べる活動から入るとよい。正六角形であると、1辺の長さが半径と等しく、直径の長さが容易にわかること、また円周は直径の3倍よりは長いことにすぐに気づくからである。次に円に外接する正方形のまわりの長さと比較させ、直径の4倍よりは小さいことを理解させるとよい（図4-14）。

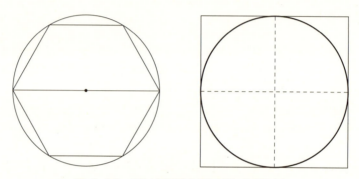

図4-14　円に内外接する図形から考える

その上で、いくつかの円の直径と円周の長さの測定から、どのような大きさの円であっても、円周の直径に対する割合が一定であること、また、この割合を**円周率**（円周率は3.14を用いるものとする）ということを押さえたい。

円の面積は第6学年で学習する。授業で大切にしたいことは、円の面積を求めるためにどのようにしたらよいかを考えさせることである。これまで学習してきた基本図形のように計算で求めることができるだろうかと問いかけてもよい。

こうした問いが図形を構成する要素に着目させ、既習の求積可能な図形の面積を基に考えようとしたり、説明したりしようとすることにつながる。

例えば、方眼紙に円がかかれた図をみせて、この図をもとに円の面積を求めることはできないかと問うことは、図形を構成する要素に気づかせることに通じる。児童は、円の面積をとらえるために、内側にある正方形の個数を数えたり、円周上にある正方形の個数から推測したりするだろう。こうした活動は、円の面積の公式を知らせて求められるようにする以上に、思考力、判断力、表現力を養うために重要な活動であることを肝に銘じていきたい。

次ページの図4-15は、この活動の延長上にあるものである。円を中心から等分して、図のように並べて平行四辺形に近い形をつくり、円の面積を求める方法を示したものである。他の形に変形することで面積を求める考え方は、基本図形の面積を求めたときと通じるものがあることに気づかせたい。例えば、児童がL字型の面積を求めるときに2つの長方形に分割して求めたことを想起し、この図と同一の考え方が使われているととらえるような深い学びを実現したい。

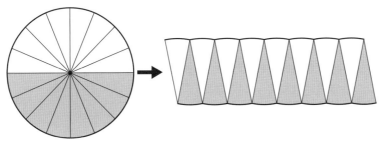

図4-15　円の面積を考える図

(4) 直方体，立方体，角柱，円柱の体積

体積とは三次元（3つの垂直方向，すなわち縦・横・高さの方向）に広がりをもつ空間領域の大きさの程度を表す量である。

第1学年や第2学年で，水等のかさについて扱っている。**かさ**とは，入れ物に水等を入れた場合，そのときの水の量をいう。

第5学年では，「かさのことを体積という」と定義されている。(1) で示した長方形と正方形の直接比較のように，まわりの長さが同じ（例　・縦3 cm，横2 cm，高さ3 cm　・縦4 cm，横2 cm，高さ2 cm）直方体を提示し，大きさ比べをすることから授業展開する等の工夫をしたい。

その上で，面積のときは単位面積（1辺1cmの正方形）がいくつ分あるかを考えたことを想起させ，体積についても同様の見方や考え方が求められることに気付かせたい。また，直方体や立方体の体積の公式は，1辺が1cmの立方体が何個分あるかを表していて，数え方の簡略化であることまで学習を深めておきたい。

角柱の求積については，直方体の求積公式を見直してみることから始めるとよい。公式の（縦）×（横）は，底面積を表す数と等しくなっていることから，「角柱の体積＝底面積×高さ」で求められることを理解させたい。円柱についても同様である。

(5) 角の計量

1つの点から出ている2直線がつくる図形を**角**という。また，1つの直線が，端の点を中心に回転したとき，そのあとに残る形も角として考える。回転角と呼ばれるものであるが，量として角をみているわけである（図4-16）。

第4学年では，角を回転量とみて分度器で測定する学習を行う。

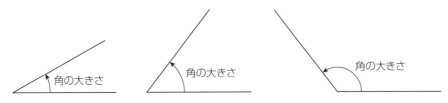

図4-16　角を回転量としてみる

- ●課題14　面積の導入では，どのような展開をするとよいだろうか。
- ●課題15　「長方形の面積＝（縦）×（横）」をどのようにとらえさせておくとよいだろうか。

8．「図形」に関する主体的・対話的で深い学びの数学的活動

（1）角度を扱った数学的活動

【対象学年】　第4学年
【単　元】　角の大きさ
【テーマ】　角をつくって求め合う活動
【背景と目的】

・与えられた角を求める問題だけでなく，類題をもとに問題づくりをすることで主体的な活動としたい。

【活動内容】

> 【教師の発問】1組の三角定規を使って，ア，イの角をつくりました。それぞれ何度ですか。また，同じように1組の三角定規を使って，問題をつくってみましょう。

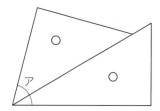 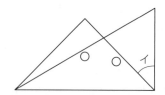

図4-17　三角定規で角をつくる

　図4-17のように三角定規を組み合わせ，その中に生まれる角度を求めるように指示する。

【期待される効果】

・問題を出し合い，問題や考え方等を交流（対話）し合う中で，仲間から学び，自らの考えを広げたり深めたりすることができる。
・どのように三角定規を組み合わせると，級友が興味をもって解いてくれるかを考えたり，提示された問題の答えを考えたりする中で，三角定規でできる角についての新たな視点をもつことができる。

（2）立体を扱った数学的活動

【対象学年】　第5学年
【単　元】　角柱，円柱，見取り図
【テーマ】　箱の中の立体を当てる活動

【背景と目的】
・立体には面，辺，頂点といった多くの構成要素やそれらがもつ様々な性質があるが，ただみているだけでは実感が伴いにくい。
・箱の中の立体を当てるために，どのような質問をすると立体が確定できるかを主体的に考えることにより，立体の性質を実感できるようにしたい。

【活動内容】

> 【教師の発問】箱の中にある立体が入っています。どんな立体なのかを先生に質問をしながら当ててもらいます。

質問内容を簡単に板書する。
・それは丸い感じですか。
・四角い感じですか。
・頂点はいくつありますか。
・面の形は何種類ありますか。

質問がなくなった時点で，各自に箱の中の立体の見取図をかかせる。

【期待される効果】
・すでに出された質問をもとに立体を確定するための質問を考えたり，級友の質問から立体を考えたりすることで，自らの考えを広げることになる。
・図形の構成要素を聞くことが立体を確定するために効果的な質問であることを体験的に学ぶことができる。

（3）図形の面積を扱った数学的活動

【対象学年】　第6学年
【単　元】　円の面積
【テーマ】　多角形と円の面積を考える活動

【背景と目的】
　第6学年になると円の面積を学習し，多角形についても複雑な形の面積を求めることができるようになる。既習事項の複合問題について，どのように考えれば簡単に求められるか等，解き方について主体的に考えるようにしたい。

【活動内容】

> 【教師の発問】五角形の頂点を中心に半径5cmの円の一部をかいて，色をつけました（図4-18）。色をつけた5つの部分を合わせた面積を求めましょう。

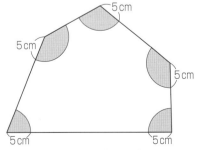

図4-18　五角形の角の和

【期待される効果】
・ペアやグループで対話させることで，各自の考え方を交流させることができる。
・五角形の内角の和が解答を導くための重要なポイントであることに気づき，他の多角形においても活用できる深い学びが生まれる。

第5章 「C 測定」の指導

1.「C 測定」の指導内容

数学的な見方・考え方	・身の回りにあるものの特徴などに着目して捉え，根拠を基に筋道を立てて考えたり，統合的・発展的に考えたりすること			
	量の概念を理解し，その大きさの比べ方を見いだすこと	目的に応じた単位で量の大きさを的確に表現したり比べたりすること	単位の関係を統合的に考察すること	量とその測定の方法を日常生活に生かすこと
	・直接比較 ・間接比較 ・任意単位を用いた測定	・普遍単位を用いた測定 ・大きさの見当付け ・単位や計器の選択 ・求め方の考察		
第1学年	・長さの比較 ・広さの比較 ・かさの比較	・日常生活の中での時刻の読み		・量の比べ方 ・時刻
第2学年		・長さ，かさの単位（mm，cm，m 及びmL, dL, L） ・測定の意味の理解 ・適切な単位の選択 ・大きさの見当付け ・時間の単位（日，時，分）	・時間の単位間の関係の理解	・目的に応じた量の単位と測定の方法の選択とそれらの数表現 ・時刻や時間
第3学年	・重さの比較	・長さ，重さの単位（km 及び g, kg） ・測定の意味の理解 ・適切な単位や計器の選択とその表現 ・時間の単位（秒） ・時刻と時間	・長さ，重さ，かさの単位間の関係の統合的な考察	・目的に応じた適切な量の単位や計器の選択と数表現 ・時刻と時間

　学習指導要領の改訂による領域の組み替えで，これまでの「量と測定」の領域は「C 測定」（下学年），「C 変化と関係」（上学年）に分けられ，さらに一部は「B 図形」に引き継がれる。この中の「C 測定」は第3学年までに指導し，測定のプロセスを大切にして指導する領域となっている。
　今回の改訂で際立つことは，数学的な視点と活動を通して様々な事項を身につけさせる指導を目指す点にある。したがって，下学年で学習する「C 測定」は，より日常的な事象から数学的に考える能力を育むことができる貴重な領域である

といえる。

　生活の中にある様々な量を，体験を通してとらえさせ，実際の操作活動から「測定」の必要性に気づかせ，その方法を考えて活用させていく。

　小学校の「測定」の学習では「長さ」「広さ」「かさ」「重さ」と「時間」を扱う。

　「長さ」「広さ」「かさ」「重さ」の学習では，ものの量を比べることからスタートして数値化へつなげていく。「くらべたり」「はかったり」する活動から児童に各種の量の特徴を理解させ，量についての感覚を磨いていくと，児童は「どんな量が」「どれくらい」あるかを知るためには「何を使って」（計器）「どうやって」（方法）測るか，その仕組みがわかってくる。そして，単位を用いて量を的確に表現できるようにもなる。

　一方，「時間」は五感で直接とらえにくい量である。時間のとらえ方には個人差があり，状況にも左右されやすい。そのため，「時間」の学習は理解しにくい面がある。そこで，小学校の学習では時計の文字盤を用い，量を視覚化しながら指導していく。また，常に時間と日常生活を結びつけて考えさせることを大切にしていく必要がある。

　「C　測定」の学習で扱う「単位」は量を測定して他の人に伝達する役割を担う。単位間の仕組みに着目させ，その関係を正しくとらえさせることで，日常生活の多くの場面で測定の考え方を生かし，測定の方法を活用していくことができる。

　児童期の早い時期に身近な量とその測定の概念をしっかりと養いたい。

2．量概念の意義

（1）「量」とは何か

　私たちが外界の物をとらえるとき，「大きい」「小さい」「重い」「軽い」「硬い」「柔らかい」等の様々な属性を表す言葉で表現する。児童の生活の中にある物についても，児童は同様に自分のもつ言葉で表現することができる。

　子どもは，ごく幼い頃から，お父さんの靴は「大きい」，自分の靴は「小さい」等と属性について理解し，言葉にして表現できる。発達とともにその種類は増加し，児童期には五感（視覚・聴覚・嗅覚・触覚・味覚）を通して，物の性質を様々に伝えることができるようになる。

　そのような属性の中で，その大きさを明確な基準で表現できるものが「量」である。「長さ」は「どれくらい長いか」，「重さ」は「どれくらい重いか」という性質をもつ「量」なのである。

（2）量の分類

　量は「分離量」と「連続量」に分けられる。

　「**分離量**」は個数や人数として数えられる量であり，自然数で表すことができ

る。一方,「**連続量**」はテープの長さや水の重さ等,いくらでも細分化できるものであり,自然数で表せるとは限らない。

「連続量」はさらに「外延量」と「内包量」に分けられる。

「**外延量**」は加法性が成立する量である。例えば,2mのテープと3mのテープをつないだ場合,長さは2＋3＝5で5mとなり,加法性が成立する。これに対し,「速さ」(速度)のように「長さ」と「時間」という異種の2つの量の割合で表される量を「**内包量**」といい,加法性は成立しない。

「内包量」は「速度」の他に「密度」等,異種の2つの外延量の商で求められる量である。また,「割合」(率)や「利率」等,同種の2つの外延量の商である量も「内包量」である。

これらの量の関係は,以下のように表すことができる。

表 5-1　量の関係

(3) 測定の意味

「**測定**」とは,以上述べたような量を数値化することである。数値化するためには,必ず「**基準量**」(1にあたる量)を定めなければならない。基準量の何倍であるかを求めることが測定であり,"何倍"にあたる数値を「**測定値**」という。

そして,この基準量のことを「**単位**」という。「測定」の領域では「長さ」を表す「m」,「かさ」を表す「L」,重さを表す「kg」が基となる単位である。

第3学年までの「測定」の領域では,生活に身近な量を扱って学習する。

● 課題1　外延量にはどんな量があるだろうか。量の種類をあげてみよう。
● 課題2　13gとはどんな量だろうか。「基準量」「○倍」を使って説明してみよう。

3. 基本的な量と測定の指導

(1) 測定の4段階

測定の指導では,人類が量について認識し数値化を必要として,測定方法と単位を生み出した道筋をたどらせながら概念形成をさせることが望ましい。その道筋には,**直接比較→間接比較→任意単位による測定→普遍単位による測定**という4段階がある。今回の改訂では指導のプロセスに,より重点がおかれている。児童に「測定」という文化を豊かに追体験させ,活用させたい。

「長さ」は外延量の中でも視覚でとらえることができ,児童が受け入れやすい量である。そこで,ここでは「長さ」の指導を例に,第1学年〜第3学年に対す

(2) 第1学年〜第3学年の「長さ」の指導

第1学年で行う「**長さくらべ**」は「**長さ**」の学習の出発点である。身の周りの様々な物を使って「**どちらが長いか**」を比べさせる。

長短が明白な比較もあるが，差が小さく一見しただけでは比べにくい場合もある。そんなとき，「背くらべ」の要領で比べればよいことを児童はみつけるだろう。丸まったひもも端をそろえてまっすぐ伸ばすと比べることができる。

これが「**直接比較**」である。しかし，比べる活動をしていくうちに，直接比較では比べられない場合があることに気づく。持ち運びが困難な物，重ねにくい物の長さをどうやって比べるのか，その方法を児童に考えさせる。すると，テープ等を使い，長さを写し取り，その長さで比べる方法がみいだされてくる。（推移律）。手に持った鉛筆の「いくつ分」広げた指の「いくつ分」（図5-2）とする考えも出てくるであろう。

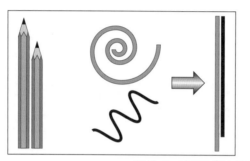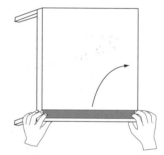

図5-1　直接比較と間接比較

このように，ものの量を第2の量に置き換えて比較することを「**間接比較**」という。「**どちらが長いか**」を知る上で「**直接比較**」「**間接比較**」は有効な手段である（図5-1）。しかし，「**どれくらい長いか**」を知ることはできない。

第2学年では，「**どちらがどれくらい長いか**」の学習をする。その中には，前述のように"手に持った鉛筆"や"広げた指"を繰り返し使い，「いくつ分」の長さなのかを知って比べる方法がある（図5-2）。また，クリップ，おはじき等，複数の同一サイズの物をまっすぐにつなげて並べることで，長さが「いくつ分」なのかは，さらにわかりやすくなる（図5-3）。

様々な工業製品が溢れる現代，児童に問いかければ，適した素材を多数みつけることができるだろう。知りたい長さに合わせて選んで使うこともできる。

この，クリップやおはじき等に当たる物が「単位」である。「親指と小指を広げて3つ分」「クリップ5つ分」「おはじき6つ分」等と数値化される。これが「測定」であり，比べる場合

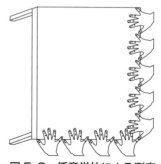

図5-2　任意単位による測定

図 5-3　任意単位による測定

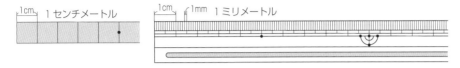

図 5-4　1 cm ものさしと竹のものさし

の単位を決めておくと「どれくらい長いか」の比較は容易になる。これが「**任意単位による測定**」である。

　このように，児童は測定の方法を発見し，理解していく。その過程で，教師は「任意単位による測定」では，いろいろな不都合が生じることにも目を向けさせたい。1 cm ものさしは「任意単位による測定」の性質を引き継いでいるものさしである。「1 cm のいくつ分」であるかという仕組みを児童はみつけていくだろう。

　そして，実際の計測を重ねることで「**普遍単位による測定**」の便利さを知っていくのである（図5-4）。

　測定の中で，多くの物に測りきれない「はした」な部分があることに児童は気づくだろう。この「はした」を測定する方法として「1 cm を 10 等分する」という考えに導き，「mm」の単位を理解させ，**1 cm＝10 mm** であることも指導する。「mm を測れるものさし」を用い，基本的な測定の技能を身に付けさせたい。それによって，長さの量感も正確につかませたい。

　この学年では「100 cm をこえる長さ」も学習する。1 m のものさしを用い，いろいろな物や場所の長さを測る活動から，1 m の長さの感覚をしっかりとつかませたい。「mm・cm・m」の単位の関係の理解や長さの計算をする上でも，量の感覚が育っていることが必須であり，その上で測定の技能が生かされるのである。

　第3学年においては，扱う長さの単位はさらに大きくなり，「km」を学ぶ。**1000 m＝1 km** であることを指導し，「道のり」を表すことができる単位であることを理解させる。通学路や生活範囲の中のいろいろな道のりをイメージ化して学習させたい。

　また，巻き尺を用いて，さらに長さのある物や場所を測る活動も行わせる。巻き尺を使うと丸い物の長さもわかる。ひき続き，体験を通して長さの感覚を育てていくのである。

　このように，児童は「**mm・cm・m・km**」という単位を知り，ものさしや巻き尺の使い方を覚え，測定の仕方を学んでいく。これにより，児童に「長さ」を見積もる力が育っているかどうかが重要である。それは長さの見当をつけ，長さに応じた計器を選び，適切な単位で表現する力である。

「長さ」の指導では、児童に量について実感を伴ってとらえさせることが大切なのである。児童の生活場面で「長さ」という量を常にイメージ化させたい。

（3）「かさ」の指導

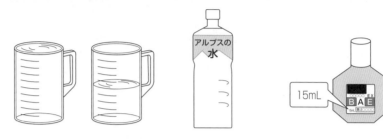

図5-5　水の量をはかる　　図5-6　mL表示

「かさ」の指導でも、「長さ」と同様の指導過程をたどって、学習させたい。

計量ますを用いて、様々な量を測定させながら、量感をとらえさせることが大切である（図5-5）。

身近な生活の中では、dLを用いることは少なく、LとmLで「かさ」が表記されていることが多い。飲料、調味料、洗剤、薬等の容器には必ず内容量の表示がある。様々な表示をみつけさせ、興味をもたせながら、児童の「かさ」の感覚を養いたい（図5-6）。

（4）「重さ」の指導

「重さ」は第3学年での学習である。「重さ」は持ったときの筋肉の感覚というあいまいなものでしか直接感じることができないため、学習としての難しさがある。児童には、重さの感覚の不確実さを体験させた上で、様々な重さを測定する計器に触れさせて仕組みを伝え、測定の活動を通して重さを数値化する方法を実感させたい（第5節参照、p.94～）。また、1kgの砂袋をつくる等、量を見積もる感覚も育てたい。

また、量には様々な性質があるが、特に重さの学習の中では、児童はこれらの性質を体験的に興味深く知ったり、確認したりすることができる。

1）加法性

外延量はたし算・ひき算ができる。ご飯茶碗の中のご飯の重さを知りたいとき、ご飯を直接はかりに乗せなくても、ご飯茶碗ごとはかりに載せて重さをはかり、後で茶碗の重さをひけば、ご飯の重さがわかる。

2）連続性

紙1枚を2kgの台ばかりに載せても針は動かない。しかし、1枚ずつ追加していくと針が動くときがくる。束にして置くと明らかに重さがある。重さがないようにみえる小さな物・薄い物にも重さがあり、それらが連続して集まると重さがあることを実感できるのである。

3）保存性

外延量は形を変えても，位置を変えても，分割しても，全体の大きさは変わらない。重さの保存性は粘土を用いると確かめやすい。粘土の形を変えながらはかりに載せても，重さは同じである。

図5-7　重さの保存性

また，体重計の上に載って，力を入れても，片足立ちをしても，しゃがんでも重さは同じである（図5-7）。

4．時刻と時間の指導

現代人は，時計によって時刻と時間を知り，生活している。

時計を読む学習は低学年で扱うが，「時間」という量は目にはみえない上に，時計には12進法や60進法が使われていて，低学年の児童がすぐに理解できる仕組みにはなっていない。

しかし，時計は身近にあり，日常生活には，常に「**時刻・時間**」を用いた会話がある。この学習は児童の生活と関連させながら進めることが大切である（図5-8）。

図5-8　時計

第1学年の時計の学習では，まず「時刻」を学習する。生活時間をイメージさせつつ「何時」「何時半」をよみ取ることから始めて「何時何分」がよみ取れるよう指導する。模型の時計を使って児童自身が時刻を表す活動をするのも，この学習に有効であろう。長針・短針の動きの関係に注目させながら操作をさせたい。長針と短針が表す数値の違いがあるので，60進法となる短針の動きは特に注意して追わせることが必要になる。

第2学年では一日の生活を追いながら，時刻とともに量としての「時間」もとらえさせていく。「**1時間＝60分**」，「**1日＝24時間**」であることも指導する。

第3学年では日常会話ではあいまいに使っている「時刻」と「時間」の違いをさらに明確にし，関連させながら指導していく。量としての時間は，時間の「長さ」として視覚化すると理解しやすい。また，1分より短い時間の単位「秒」を学習する。「**1分＝60秒**」であることも理解させる。ストップウオッチ等を用いて短い時間の感覚もつかませたい。自分の時間感覚とのズレを発見し，驚くこともあるだろう。

このように，時刻と時間の指導は児童の体験と密接に結びつけて行いたい。

●課題3　かさについての,「直接比較」「間接比較」「任意単位による測定」「普遍単位による測定」はどのように行えばよいだろうか。具体例をあげよう。

●課題4　時計の歴史を調べよう。

5.「測定」に関する主体的・対話的で深い学びの数学的活動

【対象学年】　第3学年
【単　元】　重さの比較
【テーマ】　重さってなんだろう？　はかりを正しく選ぼう
【背景と目的】
　重さは形や体積に関係なく,どんな材質で構成されているかによって決まる。視覚によって重さを推測することはできないし,体を使って重さを感じることはできるが,体から離せばその感覚はなくなる。重さの学習では,まずそんな重さの性質に触れさせ,印象付けたい。その上で,正しいはかりを選ばせたい。

【活動内容】日常の事象から見い出した問題を解決する活動
　①重さくらべ
　3つの直方体の箱を児童に提示する。アは空箱1つ,イは空箱2つを接着,ウは空箱3つを接着,いずれも1段目にはすべて同じ数だけの電池が入っている（図5-9,写真5-1）。

【教師の発問】
重さの順番を決めてください。
【児童の活動】
・見た目ではウが重そう。
・アがずっしりしている。
・ウはすごく軽いよ。
・1つ1つ持つと違うように思うけど,2ついっしょに持つと同じに感じる。

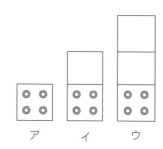

図5-9　3つの箱の中

写真5-1　3つの箱

写真 5-2 重さくらべ

　このように，重さを比べながらいろいろな意見は出るが，アが一番重いという児童が多い（写真 5-2）。1段目の箱をすべて開け，中身が同じだと明かし「重さはほとんど同じだけど，ウが一番重いよ」と伝えると驚きが広がる。

【教師の発問】
重さは見ただけではわからないね。手に持ってもわかりにくい。どうしたら，きちんと重さを比べることができるかな？
【児童の発言】
・はかりではかる。
・シーソーみたいなので比べる。
・ゴムにつるして，ゴムがのびる長さでくらべるといいと思う。

②はかりの種類を調べよう

【教師の発問】
みんなが言うように，今はいろいろな「はかり」があって，はかって比べることができますね。ゴムによく似たはかりに「バネばかり」があります。みんなで「バネばかり」の仕組みについて調べてみましょう。
これが「バネばかり」です。重りを1つずつ増やしてつるしてみましょう。どんなふうに伸びていきますか？
【児童の発言】
・載せた分だけ伸びて，目盛りで重さがわかる。
・目盛りがあるので，わかりやすい。
・何gってすぐわかる。

96 第5章 「C 測定」の指導

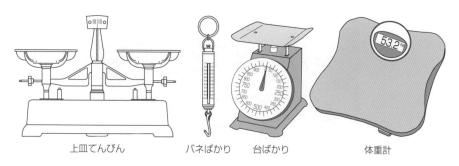

上皿てんびん　　バネばかり　台ばかり　　体重計

図5-10　いろいろなはかり

【教師の説明】
バネばかりは重さが長さに変わるので目盛りが付けやすいですね。
他のはかりも調べてみましょう。みんなの知っているはかりもあるでしょう。
（台ばかり，体重計，上皿てんびんをみせ，はかりの名称も教える（図5-10）。
上皿てんびんについては用途も説明する。

【教師の発問】
さっき重さを比べた3つの箱はどのはかりではかりますか？
【児童の発言】
台ばかりです。
【教師の説明】
そうですね。はかるものによって，使うはかりも変わるのです。
はかりを正しく選んで，いろいろなものの重さをはかりましょう。
（はかりには，それぞれ，測定できる最小量，最大量があることを伝える）

【期待される効果】
　長さや広さと異なり，重さは目にみえないが，それを視覚化する道具がはかりである。この活動を通して，視覚や体感があてにならないこと，正確に測定する必要があること等を学習することができる。また，具体物を用いるので，主体的・対話的な活動が期待できる。

●課題5　外延量の単位の名称とその関係を調べてまとめよう。
●課題6　昔の人は象の重さをどのようにしてはかったか考えてみよう。

第6章 「C 変化と関係」の指導

1.「C 変化と関係」の指導内容

数学的な見方・考え方	・二つの数量の関係などに着目して捉え，根拠を基に筋道を立てて考えたり，統合的・発展的に考えたりすること		
	伴って変わる二つの数量の変化や対応の特徴を考察すること	ある二つの数量の関係と別の二つの数量の関係を比べること	二つの数量の関係の考察を日常生活に生かすこと
第4学年	・表や式，折れ線グラフ	・簡単な割合	・表や式，折れ線グラフ ・簡単な割合
第5学年	・簡単な場合についての比例の関係	・単位量当たりの大きさ ・割合，百分率	・簡単な場合についての比例の関係 ・単位量当たりの大きさ ・割合，百分率
第6学年	・比例の関係 ・比例の関係を用いた問題解決の方法 ・反比例の関係	・比	・比例の関係 ・比例の関係を用いた問題解決の方法 ・比

　「新学習指導要領」における「C　変化と関係」の指導内容は，2008（平成20）年版学習指導要領の「B　量と測定」「D　数量関係」の第4～6学年の内容で構成されている。第1～3学年における「C　測定」とは名称が違うが，同じC領域として扱う。またこの領域は，中学校での「C　関数」につながりをもたせている。
　この領域における学習指導要領の文言はあまり多くないため，「知識・技能」と「思考力・判断力・表現力」に分けて，学年の系統を整理し比較してみる。

（1）「知識・技能」の学年を見通した系統
1）第4学年
　第4学年では，変化の様子を表や式，折れ線グラフを用いて表し，その変化の特徴を読み取る知識・技能が求められる。従来第4学年の段階では，「変化の様子」は「折れ線グラフ」を用いて表したり読み取ったりすることが主であったが，これからは「表」や「式」を用いて表したり読み取ったりする力も大いに求められる。また新設として，簡単な場合ではあるが「ある二つの数量の関係」と「別

の二つの数量の関係」を比べる場合に，割合を用いる場合があることも知らなければならない。

2）第5学年

「C　変化と関係」領域では，第5学年が最も学ぶべき内容が多い。第5学年で求められる知識・技能としては，簡単な場合について比例の関係があることを知ることである。また，従来第6学年で学んでいた「速さ」も，「単位量当たりの大きさ」と絡めることで第5学年に下りてきた。さらに，ある2つの数量の関係と別の2つの数量の関係とを比べる場合に割合を用いる場合があることも重要となる。何といっても，この「割合」をしっかりと学び取ることができるどうかが大きなポイントとなる。

3）第6学年

第6学年では，比例の関係の意味や性質を理解し，比例の関係を用いた問題解決の方法を知り，反比例の関係を理解することが主となる。従来の「関係について理解する」から「関係の意味や性質を理解する」というように，深く学ぶことが求められている。同様に，「比の意味や表し方を理解する」「数量の関係を比で表す」「等しい比をつくる」という表現の追加も，深く学ぶことを求めているゆえんである。

(2)「思考力・判断力・表現力」の学年を見通した系統

1）第4学年

まずは，伴って変わる2つの数量を見出すことができるようにする。見出すことができるようになったら，表や式を用いて，変化や対応の特徴を考える力を育てたい。そして，少し難しくはなるが，「ある2つの数量の関係」と「別の2つの数量の関係」を比べられるようになるとよい。

2）第5学年

伴って変わる2つの数量を見出して，表や式を用いて，変化や対応の特徴を考察していくところは，第4学年と全く同様であるが，異種の2つの量を割合としてとらえていけるかがポイントである。また，第5学年からは，学んだことを日常生活に生かしていくことも求められる。

3）第6学年

第6学年では，伴って変わる2つの数量を見出し，それらの関係に着目した後，目的に応じて表や式，グラフを用いてそれらの関係を表現することが求められる。特に，「目的に応じて」思考・判断・表現ができるかが大切となってくる。「日常生活に生かす」ところは，5年生と同様である。

2．割合の概念とその指導

(1) 割合の意味と働き

1) 割合の意味

割合は，2つの数量があるとき，一方が他方の何倍になっているのかという関係を表す数であり，日常でよく使われている。ただ，2倍，3倍のような整数倍の意味は理解しやすいが，1.8倍，0.8倍のような小数倍になると理解が進まなくなることがある。事前に，「数と計算」領域の「小数×小数」で，小数倍の意味や小数倍の大きさの求め方を学習しておく必要がある。

よって，その「倍」について，割合という用語で説明できるようにしていきたい。教科書等では，割合を「ある量をもとにして，比べる量がもとにする量の何倍にあたるかを表した数」と説明している。つまり，数量 B をもとにして，数量 A を比べるとき，その割合 p は，

$$p = A \div B \quad \text{(第1用法)}$$

として求めることになる。いいかえれば，割合は，もとにする量を1とみたときの比べる量の大きさを表す数ということができる。

割合に関する計算としては，上記の第1用法のほかに，比べる量を求める

$$A = B \times p \quad \text{(第2用法)}$$

や，もとにする量を求める

$$B = A \div p \quad \text{(第3用法)}$$

がある。これらを言葉の式でまとめると，次のようになる。

> （第1用法） 割合＝比べる量 ÷ もとにする量
> （第2用法） 比べる量＝もとにする量 × 割合
> （第3用法） もとにする量＝比べる量 ÷ 割合

ただし，これらの3つの言葉の式を丸暗記するのではなく，「比べる量」が「もとにする量」の何倍になっているのかが「割合」であることを念頭において，数直線図等を行き来しながら，求めるべきものは何かを柔軟に考える力を養いたい。

2) 割合3用法の事例

割合には，割合そのものを求める第1用法と，比べる量を求める第2用法，もとにする量を求める第3用法がある。以下に，3つの用法の事例を挙げるが，必ずしも並列的に扱う必要はない。いずれも大切な用法ではあるが，公式のように丸暗記をするというより，関係図や数直線図でイメージしながらそれぞれの関係性をとらえることができれば，1つの用法を応用して使い分けることができるはずである。

(**第1用法**) 割合を求める事例

> みさきさんの学校の5年生125人のうち，運動クラブに入った人は75人，文化クラブに入った人は50人でした。
> 運動クラブの人数は，5年生全体の人数の何倍ですか。

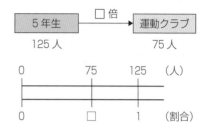

（式）75÷125 ＝ 0.6　　<u>0.6 倍</u>

この問題で，もとにする量が5年生全体ではなく文化クラブであれば，式と答は次のようになる。　（式）75÷50 ＝ 1.5　　<u>1.5 倍</u>

(**第2用法**) 比べる量を求める事例

> 図工クラブの定員は15人です。
> 希望者は定員の0.8倍だったそうです。
> 希望者は何人でしたか。

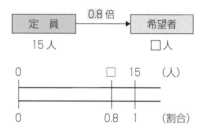

（式）15×0.8 ＝ 12　　<u>12 人</u>

(**第3用法**) もとにする量を求める事例

> 科学クラブの希望者は24人でした。
> これは定員の1.6倍にあたります。
> 科学クラブの定員は何人ですか。

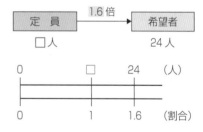

（式）24÷1.6 ＝ 15　　<u>15 人</u>

(2) 百分率の意味と働き

1) 百分率の意味

　生活の中では，割合をなるべく整数で表す方がわかりやすい場合もある。例えば日常生活では，**百分率**は「欠席者が15%だった」とか「定価の20%引きで買った」というような確定的な事象の関係を表すことに用いられるほか，天気予報等で「明日の降水確率は20%である」というような不確定な事象に関しても用いられる。もとにする量を100と見立てた見方が百分率であり，もとにする量を10と見立てた見方が**歩合**である。つまり割合の表し方には，もとにする量の大きさ1, 10, 100によって，3通りの表し方がある。指導にあたっては，この3つの相互関係を図りながら指導していくことが重要である。

　百分率の表し方が小数の表し方に比べてよいところは，割合を表す小数が0.56なら56%，0.123なら12.3%となるように，百分率で表すことによってその割合を数値化することができ，その大きさがとらえやすくなることである。また，%

という単位がついているので，それが何を表しているか判断しやすくなるということも考えられる。しかし，百分率であっても小数であっても，同じ割合を表す方法であることに変わりはない。

また，歩合も割合を表す方法の1つで，割合を表す小数が0.1の場合を1割といい，0.01, 0.001の場合をそれぞれ1分，1厘といい，日常生活

表6-1　百分率と歩合

割合を表す小数	1	0.1	0.01	0.001
百分率	100%	10%	1%	0.1%
歩合	10割	1割	1分	1厘

の中で用いられている割合の便利な表現である。なお，割合を表す小数と百分率，歩合の関係をまとめると，表6-1のようになる。

2）百分率の事例

事例1

> 2000円のマフラーが，もとのねだんの70％で売っています。
> 代金は何円になりますか。

（式）2000×0.7 = 1400　　1400円

事例2

> はるなさんは，もとのねだんが300円のハンカチを240円で買いました。
> もとのねだんの何％で買ったことになりますか。

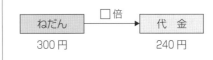

（式）240÷300 = 0.8　　80％

この問いが，「何割で買ったことになりますか」となれば，8割が答えになる。

●**課題1**　割合を表すグラフにはどんなものがあるか調べてみよう。

3．関数の概念とその指導

(1) 関数の意味

関数という言葉は，17世紀にライプニッツがはじめて使ったもので，**変数**xに伴って変わる量とされていた。その後，18世紀にオイラーが著書の中で関数という用語を用いてから広く一般に知れ渡るようになった。当時の関数はすべて，変数xの式で表されるものであった。そして，19世紀になってより厳密さが求められるようになったことから，次のように定義された。

「変数xの値が決まれば，それに対して変数yの値も決まるとき，yをxの関数という」

これは,「個の対応」という形で関数がとらえられたのであるが,変数という曖昧な概念を含んでいるため,現代数学では次のように関数を定義した。

「2つの集合A, Bがあって,Aの要素に対応して,Bの要素がただ1つに決まるとき,その対応の仕方を関数という」

現代数学では広い立場から,集合Aの各要素から集合Bの各要素への一意対応規則fが関数とし

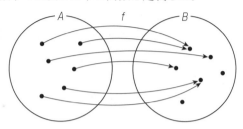

図6-1　集合と一意対応規則

て定義されているのである(図6-1)。しかし,関数の概念自体は,やはりその言葉が生まれてきたときの,伴って変わる数量と考えればよいだろう。初等教育の段階では,「比例」「反比例」がその代表的な存在といえるが,伴って変わる2つの数量の「変わり方」を調べていく力が重要な素地となる。

(2)「変わり方」の指導

1) 依存関係にある数量の取り出し

関数の考えとは,2つの数量を関係づけてみることである。数量の問題を解決するとき,求めるものは他のどんな数量と関係があるのか,何が決まれば他のものが決まってくるのかというように,求めるものと他のものを関係づけてみる考えである。

例として,18本のストローをすべて使う長方形づくりの活動を取り上げる(図6-2)。具体物のストローがあれば,児童たちはすぐにでも長方形をつくる活動に入ることができる。その活動の中で,長方形は向かい合う縦と横の長さが同じであることから,一方の縦と横を決めてしまえば,

図6-2　18本のストローでできる長方形の例

自動的に他方の縦と横も決まることがわかる。さらに,一方の縦と横の合計がいつも9本であることに気付けば,縦だけ,あるいは横だけを決めてしまえばすべてが決まることになる。この活動(気づき)は児童たちにとって,2つの数量が依存関係にあることを大いに実感できる場面である。

2) 表の見方と○,△を使った式

上記の活動例で,その組み合わせを書き出してみると,(3, 6),(4, 5),(1, 8),(5, 4),…と次々と出てくる。ただ,それらが重複していないか,漏れがないかを確認する上で有効なのが表である。ランダムに書き出しているだけでは,伴って変わる2つの数量の関係性がわかりにくいので,対応する値の組を

順序よく表に整理する必要がある（表6-2）。

表6-2　できた長方形の縦と横の本数

縦の本数（本）	1	2	3	4	5	
横の本数（本）	8	7				

　縦（たて）の本数を1，2，3，…と順序よく1ずつ増やしていけば，それに伴う横の本数の変化がとらえやすくなる。表は必須のストラテジーと言えるだろう。

　また，変数を表す記号として，○，△等を使って式に表していく指導が必要であるが，抽象的で理解しにくい面があるので，次のような3段階で導いていくとよい。中でも，第2段階は具体と抽象をつないでいて，後のxやyを用いる文字式へのギャップを軽減することができる。

・第1段階　ことばの式
・第2段階　ことばの式の頭文字を使った記号化
・第3段階　○，△を使った式

｜縦の本数｜＋｜横の本数｜＝9
㊁＋㊧＝9
○＋△＝9

図6-3　文字式へのギャップを軽減する3段階

　「変わり方」の指導では，表から式に表してその変化の関係性をつかむだけでなく，逆に式に表してから表に落とし込み，その変化の関係性をつかむ指導も必要である（図6-3）。○や△を使った式をよむとは，式に表された2つの数量について，○を独立変数に，△を従属変数にして表に表し，○と△の対応や変わり方の特徴的なきまりを見いだすことである。

（3）比例・反比例の定義とその指導

1）比例の定義とその指導

　比例関係とは，中学校で学習する一次関数で切片が0になる特別な場合であり，関数として式表示すれば$y = ax$（定数aは比例定数）となる。定義としては，

「伴って変わる2つの量x，yがあって，xの値が2倍，3倍，…になると，yの値も2倍，3倍，…になるとき，yはxに比例する」

となる。下図のような時間と水の深さを横の関係でみていくと，その定義がとらえやすい（図6-4）。

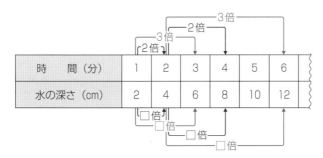

図6-4　時間と水の深さの関係を表した表

また，この表を縦にみていくと，「対応する値の比が常に一定である」という性質にも気付く。ただし，中学校ではこの性質が定義になるので，比例関係を判断する際は，定義をもとにしても性質をもとにしてもよいこととして指導に関わっていく。

関数の表をみるとき，縦にみる見方と横にみる見方の両方に留意することが大切である。先ほどの時間と水の深さの関係を整理すると次のようになる。

① 縦にみる（他方は常に2倍になっている）

縦の見方は，関数の「対応」をとらえており，式表示に役立つ。

② 横にみる

ア　1増えれば，他方は2ずつ増える

イ　2倍，3倍，……になれば，他方も2倍，3倍，……になる

イは，関数の「変化」をとらえている。

2) 比例のグラフの指導

比例の場面を与えた表から比例の対応関係を見出し，式化することの既習学習を振り返りながら，以下の2点が主なねらいである。

① 座標上に点を取ってグラフをかくこと。
② グラフの特徴をとらえることができるようにすること。

特に②については，連続量を知り扱うことで，グラフの特徴は，以下のことを指導する（図6-5）。

③ 原点（0, 0）を通る。
④ 直線である。
⑤ 右上がりである。

さらに，それらが式とどのように結びついているのかも指導することが必要である。式と結びついてはじめて，小学校で学ぶ比例のグラフは③〜⑤の性質のすべてを備えていなければならないことがわかる。

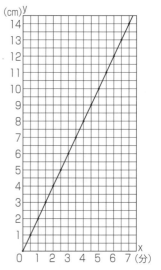

図6-5　時間と水の深さの関係を表した比例のグラフ

3) 反比例の定義とその指導

反比例に関してもまずは横の関係をみていく。定義としては，

「伴って変わる2つの量 x, y があって，x の値が2倍，3倍，…になると，y の値が $\frac{1}{2}$ 倍，$\frac{1}{3}$ 倍，…になるとき，y は x に反比例する」

となる。

また，反比例の表（図6-6）は縦にみていくと「対応する値の積が常に一定である」という性質に気づく。ただし，比例のときと同様に，中学校ではこの性質が定義になるので，反比例かどうかを判断する際は，定義をもとにしても性質をもとにしてもよいこととして指導に関わっていく。

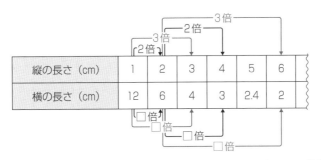

図6-6　面積が一定である長方形の縦と横の長さの関係を表した反比例の表

● 課題2　ある事象が比例しているかどうかを判断するには，どうすればよいだろうか。

4.「変化と関係」に関する主体的・対話的で深い学びの数学的活動

【対象学年】　第5学年
【単　元】　割合
【テーマ】　割合の活用
【背景と目的】

　第5学年で学ぶ割合については，その知識や技能を身に付けるだけでなく，「……ある二つの数量の関係と別の二つの数量の関係との比べ方を考察し，それを日常生活に生かすこと」となっている。よって，百分率や歩合を学んでよしとするのではなく，身の回りで使われている百分率や歩合をそれぞれが探す活動を取り入れたい。

　また，それぞれが探した百分率や歩合をグループワークで交流し，その特徴を対話的に掘り下げていく。身の回りでは百分率や歩合が値引き等で使われることが多いことから，共通のチラシを参照し，実際に値段を設定して計算してみる。その結果，どのくらい安くなっているのか，またその効果はどの程度のものなのかを実感的に交流し合う。

【活動内容】①それぞれが探した百分率や歩合をグループで交流する活動

【教師の発問】今日は，みなさんが探してきた百分率や歩合を交流します。まずはグループで行いましょう。

> 【児童の活動】＜グループ内の交流場面＞
> ・スーパーAのチラシでは，2割引とか3割引とか，歩合がいっぱい使われているね。
> ・通販会社Bのパンフレットを持ってきた。20％オフとか35％オフというように，百分率がたくさん使われている。
> ・家電Cのチラシは，百分率と歩合が両方使われていて，どういう違いがあるのかなと思った。
> ・結局，歩合でも百分率でも，安さを強調するために使っているよね。

【期待される効果】
　ここでは2〜4名の小グループで行い，すべての児童が自分で探して（持ち込んで）きた歩合や百分率について話す時間を確保したい。少しであっても，どの子にも自分が主となる時間を設けることが肝要である。その上で，共通点や疑問点を対話的に出し合うようにする。

【活動内容】②グループで交流した意見や疑問を学級全体で出し合う活動

> 【教師の発問】それでは，グループで出た意見や疑問を出し合いましょう。
> 【児童の活動】＜クラス内での意見共有＞
> ・商品のチラシやパンフレットにたくさん使われていました。
> ・歩合と百分率は，どうやって使い分けているのかなと思いました。
> ・例えば25％オフを歩合でいうと，2.5割引とか2割5分引になるのでわかりにくくなりませんか。
> ・0を除いた数字を1つしか使わないときは，歩合で2割引とか3割引にした方が伝えやすいのかなと思いました。
> ・逆に0を除いた数字を2つ以上使う商品がある場合は，百分率を使った方がすっきりすると思います。
> ・私たちのグループでは，どの商品がお得になるのかが話題になりました。

【期待される効果】
　ただ単に何々に歩合が使われていたとか百分率が使われていたという発表だけに止めず，使い方の利点や日常生活での影響等にも言及したい。

4．「変化と関係」に関する主体的・対話的で深い学びの数学的活動　107

【活動内容】③共通のチラシをもとに，学級全体で吟味し合う活動

> 【教師の発問】
> 　それでは，実際にどれくらいお得になるのか，みんなで計算して比べてみましょう。今から共通のチラシを配りますので，みんなで値段を設定して，割引したらどうなるか考えてみましょう。
>
> 【児童の活動】
> 　割引率から実際の売値を計算して比較する。値段は児童たちの声をもとに決めていけばよい。例えば，パンが全品2割引となっているが，150円のパンだったらいくら値引きがあって，いくらで買うことができるのか。また，200円のパンだったらどうか，という具合に。

【期待される効果】

　ここでは，意見の交流や計算の確認をしやすくするために，共通のチラシを配布する。

　児童たちが計算に慣れてきたら，もとの値段も割引率も違う商品を設定し，そのお得感を吟味し合うことで，深い学びに繋がっていく。

　また，時間に余裕があれば，児童たちが持ち込んできたチラシやパンフレットに再び戻って，さらにお得な商品を探す活動が取れれば，児童たちの主体性は一層増していくだろう。

図6-7　チラシ例

第7章 「D データの活用」の指導

1．「D データの活用」の指導内容

数学的な見方・考え方	・日常生活の問題解決のために，データの特徴や傾向などに着目して捉え，根拠を基に筋道を立てて考えたり，統合的・発展的に考えたりすること	
	目的に応じてデータを収集，分類整理し，結果を適切に表現すること	統計データの特徴を読み取り判断すること
第1学年	・データの個数への着目 ・絵や図	・身の回りの事象の特徴についての把握 ・絵や図
第2学年	・データを整理する観点への着目 ・簡単な表 ・簡単なグラフ	・身の回りの事象についての考察 ・簡単な表 ・簡単なグラフ
第3学年	・日時の観点や場所の観点などからデータを分類整理 ・表 ・棒グラフ ・見いだしたことを表現する	・身の回りの事象についての考察 ・表 ・棒グラフ
第4学年	・目的に応じたデータの収集と分類整理 ・適切なグラフの選択 ・二次元の表 ・折れ線グラフ	・結論についての考察 ・二次元の表 ・折れ線グラフ
第5学年	・統計的な問題解決の方法 ・円グラフや帯グラフ ・測定値の平均	・結論についての多面的な考察 ・円グラフや帯グラフ ・測定値の平均
第6学年	・統計的な問題解決の方法 ・代表値 ・ドットプロット ・度数分布を表す表やグラフ ・起こり得る場合の数	・結論の妥当性についての批判的な考察 ・代表値 ・ドットプロット ・度数分布を表す表やグラフ ・起こり得る場合の数

「データの活用」領域では，統計と確率に関することを学習する。近年の社会では様々な分野においてデータが集積され，その集積されたデータを元に政策や企業の経営方針等も決められていく傾向がある。「ビッグデータ」や「データサイエンス」等の用語を耳にする機会が増え，統計に対する期待や関心が高まっていることがうかがえる。そのような社会のニーズを踏まえ，小学校算数科の「デ

ータの活用」領域では統計に関する初歩的な内容について扱う。

「データの活用」領域では表や統計グラフ，代表値等を扱うが，それらの指導を単なる「よみ・かき」や計算処理に留めるのではなく，意味のある文脈をもち合わせた統計的な問題解決活動を通じて指導することが求められている。それは資質・能力の育成の観点からも重要であり，また生きて働く知識として統計・確率を学習するためにも重要である。

（1） 統計的な問題解決の過程について

統計的な問題解決活動については，「新学習指導要領」の第4学年の「イ 思考力・判断力・表現力」や第5，6学年の「ア 知識・技能」に記述が見られる。特に，「ア 知識・技能」の記載内容として「統計的な問題解決の方法を知る」とされていることは，いわゆる「方法知」として統計的な問題解決を理解し，使いこなしていくことができる児童の育成が目指されていることを示している。

そのため，算数の授業において統計的な問題解決活動を取り入れるだけでなく，それらの活動や経験を振り返らせることで，児童に問題解決の手順や取り組み方を把握させる必要がある。

統計的な問題解決の過程について，「新学習指導要領」においては，次の**PPDACサイクル**が例として取り上げられている（表7-1）。

問題解決に臨むにあたって，何かしらの問題があるはずである。それは教科書や問題集にありがちな算数の問題として定型化されたものではなく，日常の生活や事象との関わりで生じるものである。そういった問題は統計的に取り組む形にはなっていないため，統計的に解決できる形に問題を置き換える必要がある。これが「問題（Problem）」にあたる。例えば，「校内でのけがを減らすにはどうしたらいいだろうか」といった題材を考えてみる。このままでは統計的に取り組める問題とはなっていないため，焦点を定める必要がある。「これまでのけがの記録からみんながけがをしやすい曜日や時間帯等を明らかにできないか」，「これまでにどこでどんなけがをしたのかみんなにアンケートで聞いてみて注意点を明らかにできないか」等，何らかの形で問題として設定することとなる。

問題が定まれば，それに応じたデータを収集するための検討を行う。問題に関連して考えられるデータや，それらをどのように集めたらよいかを考えなくてはならない。これが「計画（Plan）」にあたる。「これまでのけがの記録からみんながけがをしやすい曜日や時間帯等を明らかにできな

表7-1　PPDACサイクルの各プロセス

問題 (Problem)	・問題の把握 ・問題設定
計画 (Plan)	・データの想定 ・収集計画
データ (Data)	・データ収集 ・表への整理
分析 (Analysis)	・グラフの作成 ・特徴や傾向の把握
結論 (Conclusion)	・結論付け ・振り返り

いか」という問題に対してなら，保健室で記録されているけがの記録を手に入れればよいかもしれないし，「これまでにどこでどんなけがをしたのかみんなにアンケートで聞いてみて注意点を明らかにできないか」ならアンケート調査を計画することとなる。

　ねらいとするデータが定まれば収集活動を行う。実験やアンケート調査等様々な方法が考えられるが，それらを実施し，データを表にまとめる等である。これが「データ（Data）」にあたる。

　集めたデータを分類・整理して表やグラフに表したり，代表値等の統計量を求めたりする。それらから特徴や傾向を見出していく。これが「分析（Analysis）」にあたる。「これまでのけがの記録からみんながけがをしやすい曜日や時間帯等を明らかにできないか」について保健室のけがの記録を入手できたなら，月・曜日・学年・性別・場所・時間帯等，様々な観点で分類・整理してみたり，それらをグラフに表すことで特徴や傾向が見えてくる。

　分析を通じて特徴や傾向が把握できたら，それに基づき，問題に対する結論をまとめる。これが「結論（Conclusion）」にあたる。このプロセスには，結論をまとめるだけでなく，それが妥当かどうか見直すことも含まれる。結論や分析の仕方はもちろんだが，用いたデータや収集の仕方，初めの問題の設定の仕方等，振り返る点は様々にある。

　これら一連の活動を授業の中に取り入れることを意識し，児童に体験させることが求められる。さらに学年が上がるにつれて，問題解決の過程を振り返ることや一連の活動について方法知として学習することも視野に入れる必要がある。

(2) 表やグラフ，統計量

　「データ」の段階で集めたデータを表に集計したり，「分析」の段階で表やグラフにまとめたり，代表値を求めたりする。分析の仕方はデータの種類や分析の目的によっても変わってくる。データの種類には，「質的データ」「量的データ」「時系列データ」等がある。

　質的データは，好きなスポーツや果物等のように文字情報として得られるものである。量的データは，身長や50m走の記録等のように数値情報として得られるものである。時系列データは，時間ごとの気温の変化や各月の降水量等のように時間変化に沿って得られるものである。

1) 表

　表は，物事をわかりやすくするために，ある観点に沿ってデータを分類・整理したものである。順序のついた数の組として行や列で示される。データを収集した際に集計する表としては，個別の調査対象を表の各行に割り当て，調査項目を各列に割り当てるのが一般的である（表7-2）。

① 1次元・2次元の表

　データをある観点に沿って整理したものを1次元の表といい（表7-3），2つの観点で整理したものを2次元の表という（表7-4，表7-5）。

表7-2 本の貸出記録について集計した表

番号	月	日	学年	組	性別	ジャンル
1	4	6	6	1	女	物語
2	4	6	5	1	女	伝記
3	4	7	5	3	男	物語
4	4	7	4	2	女	図鑑
5	4	7	3	1	男	その他
⋮	⋮	⋮	⋮	⋮	⋮	⋮

　表の指導にあたっては，まずは数え忘れや重なりがないように印をつけて数えたり，合計の欄で数が合っているかどうかを確認させるようにすることが大事である。表の項目を整理する際には，目的に沿った観点を設定し，丁寧に作業を進めることを大切にしたい。

　② 度数分布表

　度数分布表は，データをいくつかの**階級**に分け，各階級に該当するデータの個数（**度数**）をまとめた表である。量的データの分布の様子をとらえるために用いられる（表7-6，表7-7）。

2）グラフ

　グラフとは，複数のものの数量的な変化や関係を図に示したものである。視覚的・直観的にデータの特徴がとらえやすくなるが，個々のグラ

表7-3 ジャンルごとの貸出冊数（4月）

ジャンル	数（冊）
物語	16
伝記	8
図鑑	6
その他	3
合計	33

表7-4 ジャンルごとの貸出冊数（4月～6月）

ジャンル ＼ 月	4月	5月	6月	合計
物語	16	18	15	49
伝記	8	5	11	24
図鑑	6	8	5	19
その他	3	3	2	8
合計	33	34	33	100

表7-5 物語を借りた人の男女比較（4月）

	男	女	合計
物語	6	10	16
それ以外	8	9	17
合計	14	19	33

表 7-6　6 年 1 組の走り幅跳びの記録
6年1組男子の走り幅跳びの記録（cm）

番号	跳んだ長さ	番号	跳んだ長さ
①	270	⑩	278
②	300	⑪	305
③	317	⑫	275
④	351	⑬	360
⑤	350	⑭	333
⑥	318	⑮	330
⑦	360	⑯	300
⑧	315	⑰	331
⑨	290	⑱	294

表 7-7　度数分布表
6年1組の走り幅跳びの成績（cm）

跳んだ長さ（cm）	男子（人）
以上　　未満	
260 ～ 280	3
280 ～ 300	2
300 ～ 320	6
320 ～ 340	3
340 ～ 360	2
360 ～ 380	2
合　計	18

フにより把握できるデータの特徴は異なっている。

① 絵グラフ

絵グラフは，項目ごとに関係する絵や○や□等の抽象化した図を用いて表したグラフである。例えば，好きな果物について学級内で調べた結果をまとめる際に，イチゴやバナナ等果物ごとに分類し，それぞれの絵を用いて並べて表す等である（図7-1）。第1学年や第2学年においては質的データを項目ごとに集計して表すことが多いが，量的データについても絵グラフに表すことがある。

② 棒グラフ

棒グラフは，項目ごとの数量の大きさを棒の長さで表したグラフであり，数量の大小関係を把握するのに適している（図7-2）。質的データを項目ごとに集計して表すことや，量的データの数値そのものを表すこともある。

指導にあたっては，大小の比較について考えさせることはもちろんだが，1目盛りがいくつになっているかに気をつけて読み取らせることが大切である。また，グラフをかく際にもグラフ用紙の全体から考えて適切な目盛りの設定が必要となる。

③ 折れ線グラフ

折れ線グラフは，数量を示す点を順につないだ折れ線で表されるグラフである（図7-3，図7-4）。主に時系列データの時間経過に伴う変化をとらえるために用

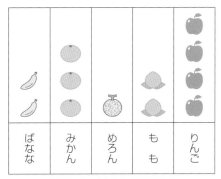

図 7-1　好きな果物調べ

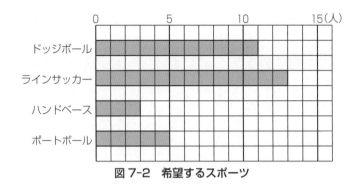

図 7-2　希望するスポーツ

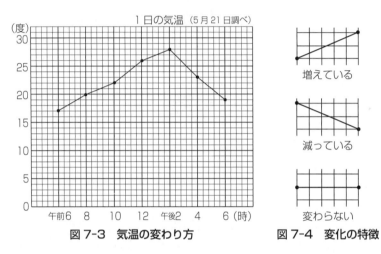

図 7-3　気温の変わり方　　　図 7-4　変化の特徴

いられる。横軸に時間経過，縦軸にそれぞれの値をとる。

　折れ線グラフをよむ時は，全体的な変化と部分的な変化に注意する必要がある。グラフの傾きを通じて部分的な変化をとらえることができるが，個々の値の増減ではなく，全体としての傾向を読み取ることも大切である。

　④　円グラフ・帯グラフ

　円グラフは，円の中心角 360 度をデータの内容構成と同じ割合で分割し，扇形の大きさでその比率を表したグラフである（図 7-5）。帯グラフは，横長の長方形をデータの内容構成と同じ割合で縦に割ってその比率を表したグラフである（図 7-6）。どちらも各項目の構成比をとらえるのに用いられるグラフである。原則として構成比の大きなものから順番に並べるがそうでない場合もある。質的データを項目ごとに集計して項目間の構成比を表したり，量的データの構成比を表したりする。

　円グラフや帯グラフは，単に 2 量の比較ではなく，考察している数量の総量を基準とする量として，全体と部分の割合で比較したり，部分と部分の割合を比較することができる。

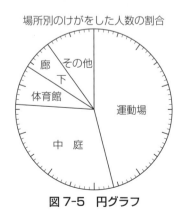

図 7-5　円グラフ

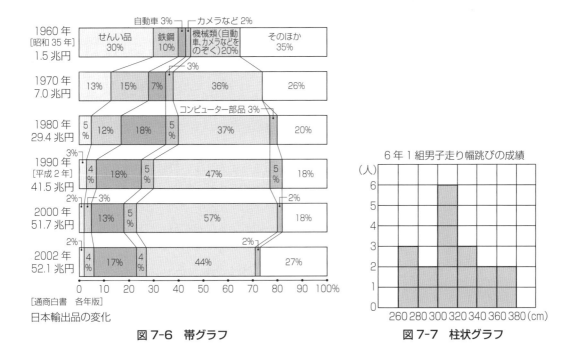

図7-6　帯グラフ　　　　　　　　図7-7　柱状グラフ

帯グラフは縦にいくつか並べることで，複数の対象群の構成比を比較しやすいという利点がある。

⑤　柱状グラフ（ヒストグラム）

柱状グラフ（ヒストグラム）は，度数分布表を元に，横軸に階級を，縦軸に度数を取り，度数の高さに合わせた長方形（柱）で表したグラフである（図7-7）。柱状グラフでは，量的データの分布の様子をとらえることが大切である。どのあたりにデータが集まっているか，左右にどれくらい散らばっているか，出来上がった山の形は左右対称かそうでないか，山の頂点は1つか複数あるか等に注目させるようにしたい。

柱状グラフの長方形は階級幅に合わせて隙間ができないようにかく必要がある。量的データの分布の様子をとらえる際に，長方形と長方形の間に隙間が空いていると，その数値に該当するデータが存在しないような誤認を与えてしまうためである。

3）統計量

①　測定値の平均

測定値の平均は，測定したいくつかの数量を，同じ大きさになるようにならした数値のことである。歩測を例に取り上げると，ある場所までの距離を歩測を用いて調べるためには，自分の1歩あたりが何cmなのかを知る必要がある。だが，1歩あたりの距離は常に一定ではなく，若干のずれが生じる。このようなずれ（誤差）については，真の値より小さくなる場合と大きくなる場合が一般的に同程度起こることがわかっている。このことから，複数回の測定値について平均することで，真の値よりも小さい値と大きい値とが互いに相殺し合い，1回だけの

測定結果よりも真の値に近い値を得ることができる。このことを測定値の平均を指導する際には注意しておきたい。

② 代表値

量的データにはばらつきが伴うが，その中心がどこに位置するのかをとらえるための数値指標として**平均値**，**中央値**，**最頻値**という3つがある。

平均値は量的データのすべての値を足し合わせ，データの数でわることで得られる。中央値は，データを順番に並べた際の真ん中にあたる数値のことである。データが偶数個の場合は，真ん中に該当する2つの数値の平均をもって中央値とする。最頻値は，データの中で最も多くみられる値である。

●**課題1** 身近なデータから2次元の表を作りたい。どのような量について調査をすればよいだろうか。

●**課題2** 図7-6の帯グラフから，「鉄鋼の輸出は1970年をピークに大幅に減少してきている」という結論は得られるだろうか。理由とともに考えてみよう。

2．多面的・批判的な考察の指導

第5, 6学年のイの中には「その結論について多面的に捉え考察すること」や「その妥当性について批判的に考察すること」といった記述がみられる。ここで多面的・批判的に考察する対象としては2つの事柄が挙げられる。1つは，自分たちで行った問題解決の過程や結論についてである。統計的な問題解決では，算数・数学科の他の領域と異なり，結果の定まっていない不確実な事象を扱う。そのため，分析の仕方や解釈の仕方によって結論が変わってくること等がある。そのため，自身の問題解決過程や結論について，異なる分析方法や観点，立場からとらえ直す等，多面的に考察する必要がある。また，相関と因果を混同してしまったり，調査対象に偏りがあることで事実と異なる結論を見出してしまったりする等，統計特有の誤りに陥ってしまうこともよくあるため，妥当性について慎重に検討する姿勢も必要となる。

もう1つは，第三者によって提示される統計情報についてである。ニュースや新聞，雑誌等第三者による統計情報については，発信者にとって意図的に歪められた情報が用いられている場合等があり，注意深く読み取ることが必要である。

統計情報について批判的に考察することに関しては，平成28年度全国学力・学習状況調査の算数Bの問題がわかりやすい。

図7-8は4の導入部と（3）の問題のページを抜粋したものである。A小学校とB小学校それぞれの4月から7月までの本の貸出冊数を題材に取り上げている。（3）では，「物語」の貸出冊数の変化をそれぞれの学校について折れ線グラフにまとめているが，B小学校の折れ線グラフでは縦軸の100～500までが省略されている。そのために，5月から6月にかけての折れ線の傾きはA小学校よりもB小学校の方が急になっている。このことからけんたさんは，「…B小学

2. 多面的・批判的な考察の指導　117

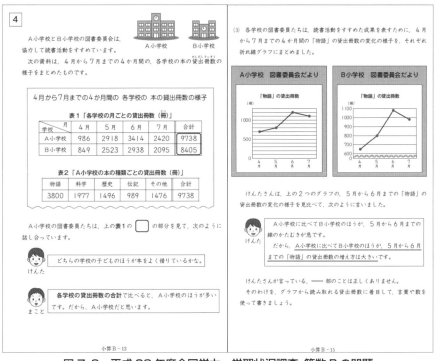

図 7-8　平成 28 年度全国学力・学習状況調査 算数 B の問題
出典：国立教育政策研究所，平成 28 年度全国学力・学習状況調査 算数 B，2016 年

校のほうが，5月から6月までの「物語」の貸出冊数の増え方は大きいです」と意見をまとめている。けんたさんが述べていることは正しくないということの理由を問いかける出題となっている。

　第4学年の折れ線グラフの指導内容として，状況に応じて縦軸を省略することを扱うが，用い方によっては本来の傾向とは異なる印象をよみ手に与えてしまうことにもなりかねない。新聞や雑誌，ニュース等も含めて統計情報を解釈する際にはこのような見かけによるごまかし等がないかどうか等，妥当性についてきちんと判断する必要がある。

　従来ではこのような統計情報の妥当性について検討するような内容は扱いがなかったが，新学習指導要領では扱うこととなった。上の問題は縦軸を省略することにより見かけの印象を変えているが，他にも棒グラフを平面的な棒で表さずに3次元の直方体にすることで差を拡大して見せることや，調査対象の偏りにより結果を歪める等，様々なケースがある。

●**課題3**　広告などから，意図的に歪められたグラフの例を見つけ，何が不適当なのか指摘してみよう。

3. 統計的な問題解決の活用の指導

(1) 問題設定や調査計画の扱いについて

統計的な問題解決のプロセスについては,「問題－計画－データ－分析－結論」の5つの過程があることはすでに述べた通りで,児童の生活や問題意識に即して実際に取り入れることが求められている。「データの活用」領域では,児童のけがの記録を分析する,図書館で貸し出されている本の傾向を分析して読書数を増やせないか考える,学校行事や学年行事,クラスのレクリエーションでやってみたいことを調べてみる等,算数の他の領域よりも題材として取り上げられることの幅が広いという利点がある。

ただし実際に児童に取り組ませるにあたって,問題解決の過程が「問題」から始まっているからといって,問題設定やデータの収集計画に取り組ませるかどうかは検討が必要である。問題を設定する際には,統計的にデータを集めて解決できる問題かどうかを判断して設定する必要があるし,計画を立てる際にも,題材に関連することについて漠然とデータを集めればいいというわけではない。

棒グラフで大小の差について分析するのか,円グラフを用いて割合について分析するのか,ヒストグラムを用いて全体の分布の様子を分析するのか等分析の際に用いる手法を想定した上で問題設定や収集計画を立てなくてはならない。

そのため実際に授業で取り組む際には,ある程度教師が導く形で「問題」「計画」の過程を進めるのが現実的である。題材について紹介し,その題材に対してどんな側面から取り組んでみたいか,どんな風にデータを集めたらよいか等について考えさせたり,話し合わせる場面を設定しつつも,大枠の活動の方向性は教師側で準備をしておき,そちらに誘導するような進め方である。あるいは,次に紹介するようにあらかじめ扱うデータを提示して授業を展開する方法や簡易にデータを集める題材と組み合わせて授業を展開することで「問題」「計画」の難しさを緩和し問題解決を授業化することができる。

(2) 統計的な問題解決の授業化に向けて

統計的な問題解決を授業化するにあたって,PPDACサイクルをそのまま単元構成に取り入れたり,児童の活動をこれに沿わせたものにすることは大変に難しい。だからといって,データを提示して単にグラフに表す等の処理をするだけでは問題解決の趣旨と合わなくなってしまう。この問題点を回避する方法として次の2つが挙げられる。

1) 既存のデータを活用する統計的な問題解決活動

総務省統計局のサイトや政府統計の総合窓口「e-stat」には政府が実施している様々な社会調査のデータがアップされており,アクセスすれば無料でダウンロードすることができる。児童が分析するには用語等も含めて難しいデータも多いが,中には興味・関心を引くようなものもある。例えば「社会生活基本調査」のデ

3．統計的な問題解決の活用の指導　119

ータ等は子どもの生活に関するデータもあるため面白い。

　社会生活基本調査は総務省が行っている調査であり，次のように説明されている。

> 　国民の生活時間の配分及び自由時間における主な活動について調査し，各種行政施策の基礎資料を得ることを目的とし，昭和51年の第1回調査以来5年ごとに実施している。平成28年社会生活基本調査は，全国の10歳以上の約20万人を対象に，平成28年10月20日現在で実施した（総務省，2017）。

　年代別・都道府県別に睡眠や通勤・通学，趣味・娯楽，学業やスポーツ等にかけている時間等，様々なデータがまとめられている。一部を紹介すると，10～14歳の子どもの平日1日当たりの平均行動時間について，学業にかけている時間（分）の長い都道府県と短い都道府県は次のようである（表7-8，表7-9）。

　ここでいう学業は学校で勉強している時間も含んでいるものと思われる。10～14歳で学業に最も時間をかけているのは新潟県，山口県，群馬県と続き，最も時間をかけていないのは，奈良県，滋賀県，和歌山県のようである。少ない都道府県は近畿・関西地方に多く集まっているような印象も受ける。かけている時間は新潟県：498分に対し，奈良県：388分と実に110分（ほぼ2時間近く）の差となっている。

　続いて，睡眠にかけている時間についてまとめると次のようになっている（表7-10，表7-11）。

　睡眠時間が最も長いのは島根県，最も短いのは山口県と兵庫県で，その差は40分ほどとなっている。山口県と長崎県は先ほどの学業の時間は長く，睡眠時

表7-8　学業にかける時間の長い都道府県

順位	都道府県	学業（分）
1	新　潟	498
2	山　口	484
3	群　馬	480
4	岡　山	480
5	長　崎	475
6	広　島	474
7	岩　手	473
8	鳥　取	471
9	茨　城	471
10	岐　阜	470

出典：総務省統計局，平成28年社会生活基本調査結果，2017年

表7-9　学業にかける時間の短い都道府県

順位	都道府県	学業（分）
38	徳　島	429
39	山　形	428
40	神奈川	421
41	福　井	417
42	大　阪	417
43	山　梨	404
44	三　重	404
45	和歌山	396
46	滋　賀	393
47	奈　良	388

出典：総務省統計局，平成28年社会生活基本調査結果，2017年

表7-10　睡眠にかける時間の長い都道府県

順位	都道府県	睡眠（分）
1	島根	519
2	山形	518
3	和歌山	513
4	山梨	510
5	長野	509
6	熊本	505
7	滋賀	505
8	石川	504
9	神奈川	504
10	福井	503

出典：総務省統計局，平成28年社会生活基本調査結果，2017年

表7-11　睡眠にかける時間の短い都道府県

順位	都道府県	睡眠（分）
38	奈良	490
39	愛知	488
40	岡山	487
41	福島	487
42	愛媛	487
43	長崎	483
44	香川	483
45	静岡	481
46	山口	480
46	兵庫	480

出典：総務省統計局，平成28年社会生活基本調査結果，2017年

間は短くなっている。逆に和歌山県と滋賀県は学業の時間は短く，睡眠時間は長くなっている。これらの間に何か関係性があるのかどうか気になるところである。実は和歌山県はスポーツにかけている時間については全国で1位となっており，それも含めて全国的には特徴の強い県であることがわかる。

　このような特徴に次第に気づいていくことによって，学業，睡眠だけでなく通学時間や趣味にかける時間はどうか，関西地方は本当に学業にかける時間が短いのだろうか，またそれはなぜだろうか等の問題意識が生じてくる。その過程をPPDACサイクルでいうところの「問題」ととらえ，データ全体のどの項目に注目して分析に用いるのかを考える過程を「計画」，分析に用いるデータだけを取り出して整理する過程を「データ」ととらえることができる。各自設定した問題に対して「分析」「結論」と展開してくことが可能となる。このような展開であれば，「問題」「計画」の負担を軽減して統計的な問題解決活動を展開できる。

　既存のデータの入手先としていくつかを紹介しておく。

・総務省統計局『なるほど統計学園』（http://www.stat.go.jp/naruhodo/index.htm）
・政府統計の総合窓口『e-stat』（https://www.e-stat.go.jp）
・『平成28年社会生活基本調査』（http://www.stat.go.jp/data/shakai/2016/）
・『統計活用授業のための教材サイト』（http://estat.sci.kagoshima-u.ac.jp/data/）
・『センサス＠スクール』（http://census.ism.ac.jp/cas/）

2）手軽なデータ収集活動と組み合わせる統計的な問題解決活動

　これは，簡単な競技やゲーム性のある種目を題材に取り上げて，統計的な問題解決活動を展開する方法である。閉眼片足立ち（目を閉じて片足で何秒立っていられるか）や「の」の字テスト（新聞の一部や小説の1ページの中にひらがなの「の」がいくつあるかを制限時間内にいくつ数えることができるか）のような他

愛のないようなもので構わない。このような種目に取り組めば学級でデータを集めることができる。また、これらの種目に取り組んだ際に記録に影響することや分析してみたいこととしてどのようなことを調べてみるかを児童に考えさせる。閉眼片足立ちであれば、学年や男女で違いはあるのかどうか、血液型や誕生月等で比較してもよい。あるいは、記録をよくするための準備運動として何か試してみたいことはないかという発想でもよい。

　取り組む種目のデータを集めることは始めから決まっているが、その記録を分析するための観点を考えたりする中で、仮説を立てることへとつながり、それを分析するために種目と合わせて調査すべき項目も検討することとなる。例えば、「一輪車に乗ることが上手な人は閉眼片足立ちの記録もいいのではないだろうか」という問題を考えることになれば、記録と合わせて一輪車が得意かどうかを聞いてみるという調査項目が決まるし、他にも性別や学年についても一応聞いておこう等と調査計画を検討することとなる。あとは実際にデータを収集して、実際に違いがあるかどうかを分析し、結論をまとめるという活動となる。

　漠然とした問題意識を統計的な問題へと置き換える必要はなく、始めから特定のデータを集めるということが決まっているために、活動全体も必然的に統計的にデータを分析する方向へと向けやすい。

●課題4　総務省統計局の「社会生活基本調査」のデータから「学業」「睡眠」以外の時間について都道府県ランキングを作成し、その結果を考察してみよう。

4．「データの活用」に関する主体的・対話的で深い学びの数学的活動

　ここでは先ほど3の(2)で紹介した手軽なデータ収集活動と組み合わせる統計的な問題解決活動を取り上げる。取り組む種目は「閉眼片足立ち」とする。「閉眼片足立ち」は、日本健康運動研究所によれば「平衡性（バランス能力）」をチェックする測定法とされており、チェック方法としては次のように定められている。

・両手を腰にあて、両目をつぶり、左右どちらでも立ちやすい側の足で片足立ちになります。
・上げた足は軸足には触れないようにして、高さとか位置は自由です。
・最大180秒として、軸足が少しでもずれたり、上げた足が床に着いた時点で終了。その時間を測定します。
・2回行い、長いほうの時間を記録します（軸足は変えても変えなくても結構です）。

　これを題材として、「バランス能力が優れているのはどういう人だろう」という問題に取り組むことを考える。

(1)「問題（Problem）」の活動

閉眼片足立ちという種目について理解し，どんな人が記録がよさそうか考えさせるために，まず全員の記録を取らせる。その上で，「バランス能力が優れているのはどういう人だろう」「どんな観点でこの記録を分析したいか」という問いを投げかけ，みんなでアイデアを出し合う。その際グループを設定し，グループで考えさせてもよい。

例えば下記のようにいろいろなアイデアが出てくるものと思われる。
・食べ物の好き嫌いが多い子と少ない子でバランス能力は違うか。
・一輪車に乗るのが上手な子はバランス能力が高いのか。
・算数が好きな子はバランス能力がいいのか。
・長男・長女と弟・妹ではバランス能力に違いはあるか。

これらが自分たちで取り組んでいく上での「問題」であり，統計的には「仮説」にもあたる。とらえどころのない問題意識から自分で問題設定をするのは大変であるが，種目が決まっている中で仮説を立てることで負担を軽減し，無理なく問題設定ができる。まずはこの程度の活動を通じて問題解決の経験を積ませることが大切である。

(2)「計画（Plan）」の活動

クラスでいろいろな問題のアイデアが出たら，必ずしも1つに絞らなくてもよく，いくつかの問題を共存させ，関連するデータを集めて各自が分析することもできる。設定した問題に従って，集めるべきデータと集め方について検討する必要がある。

例えば食べ物の好き嫌いが多い・少ないについて調べたいのであれば，アンケートで「嫌いな食べ物は多いほうですか？　はい・いいえ」と聞けばいいのだろうか。このような聞き方では，本人の自己認識により回答が変わってくるため，実際の多い・少ないがデータに反映されないかもしれない。嫌いな食べ物は何種類あるかを聞いたり，みんなが嫌いそうな食べ物を列挙して該当するものに○を付けてもらう等，聞き方について工夫する必要がある。

また，自分の設定した問題に直結する質問項目だけでなく，基礎情報として関連する項目についても集める必要がある。年齢，性別等は様々な種目の結果に影響する可能性があるため聞くことが多いが，小学校のクラス内で行うのであれば，年齢は必要なくとも性別については質問項目には入れておいたほうがいい。

(3)「データ（Data）」の活動

計画が立てられたら実際にデータ収集活動に入る。アンケート用紙をつくる等して，必要な質問項目をまとめみんなのデータを集める。データを集計する際には表にまとめる。1の(2)でも触れたように，個別の調査対象を各行に，調査項目に対する回答を各列に割り当てるのが一般的である。集計をしながらアンケートの記載ミスや虚偽，空欄の回答等がないかどうかも確認する。記載ミスや虚

4.「データの活用」に関する主体的・対話的で深い学びの数学的活動　123

記録（秒）	性別
嫌いな食べ物の数	算数が好きか
兄弟で何番目か	一輪車得意か

図 7-9　データカードでの各項目の配置

87	男
3	好き
1番	得意

図 7-10　データカードへの記載例

偽については学級内であれば本人に確認が取れるかもしれないが，一般的には匿名性を確保する観点からも本人を特定することはできないことが多い。そのため，記載ミスや虚偽の回答については空欄にしておくか，その調査対象者を分析対象から外す等の対応を取る。

　集計表が出来上がってもそれだけを用いて分析を行うのは大人でも難しい。ソフトウェアを利用する等の分析方法の選択が必要である。ここで，ソフトウェアがなくともデータ分析を手軽に行うことができる「データカード」という教具を紹介しておく。データカードとは，個々の調査対象者の回答項目を1枚の紙片に記載したカードのことである。今回のような活動でいえば，閉眼片足立ちの記録や性別，嫌いな食べ物の数等の調査項目の配置を決め，調査対象者にはこの配置に従って回答を記載してもらうのである（図7-9，図7-10）。

　全員分のデータカードを集めると，分析の際にはカードを並び替えることで集計も容易にでき，また棒グラフやヒストグラム，散布図等もつくることができる。ただしグループで分析を行わせるには，調査対象者はグループの数の分だけデータカードに記載せねばならないため，グループ数が多いと大変である。そのような場合には集計表を教師が印刷して各グループに配布するのでもよい。

(4)「分析 (Analysis)」の活動

　データの集計・整理が終わったら次は分析である。一輪車が得意な人とそうでない人でバランス能力に違いがあるのかを分析するのであれば，一輪車が得意かそうでないかの項目に従ってデータを分類し，記録の違いを分析することになる。男女で結果に違いがあるかもしれないため，できれば性別と一輪車の得意・不得意という2つの観点で計4つのグループに分けて分析をするのが望ましい。

　バランス能力の記録は量的データなのでヒストグラム等を使って分析するのが一般的であるが，1分未満を「低い」，1分以上2分未満を「普通」，2分以上を「高い」等と区分すれば質的データのようにカウントして分析することも可能である。

　データカードを用いて分析する際には，写真7-1のように分類整理して積み上

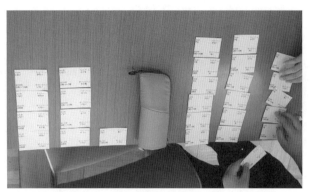

写真 7-1　データカードを並べている例

げることで棒グラフやヒストグラムにまとめることができる。

(5)「結論 (Conclusion)」の活動

分析を通じてデータの特徴や傾向が把握できたら，各自が設定した問題に対する結論をまとめる。食べ物の好き嫌いが多い子はバランス能力が低いといえるのかどうか，一輪車が上手な子はバランス能力が高いのか等について，分析を通じてみえてきた特徴に基づいて各自が結論をまとめたり，教室内で発表してみんなに伝えたりする。

統計ではばらつきのある不確実な現象を対象としているため，今回のような分析でも，はっきりと違いが表れるほどの違いは出てこないことが多い。仮に一輪車が上手な子にバランス能力の記録もいい子が多かったとしても，一輪車が苦手なのにバランス能力の記録がいい子やまたその逆のケースも出てくるだろう。ここではデータのどのような特徴や傾向に注目し自分が結論をまとめたのか，その根拠をはっきりといえることができればよいと考える。見ようによっては逆の結論も出てくるかもしれないため，学級内で議論してもよい。そういった主観的な判断だけでは白黒つけられないことや，はっきりとした指標があればいいのにという必要感等を感じさせることができれば，後に統計的な検定等を学習する際に大きな有用感をもつことができるだろう。

(6) 主体的・対話的で深い学びの観点から

この活動について主体的・対話的で深い学びの視点からまとめてみる。

1) 主体的な学びの視点から

この活動では題材として自分たちで実際にデータを集めて分析することでまず関心・意欲を高めることができる。大学生相手の講義で行っても関心をもって取り組む様子が見られるため，児童であればなおさらだろう。誰かがすでに集めたデータに文脈を沿えて提示するよりも自分たちでデータを集めてみるほうが主体的な取り組みへとつながりやすい。

また，分析する際の問題や仮説についても自分たちで考えさせている点も重要

である。こんな人は記録がいいのではないか，こんな風にしたら記録が伸びるのではないか等を自分たちであれこれ想定して，それを分析することは，活動全般を通じての意欲向上につながる。

2）対話的な学びの視点から

この活動に取り組む際には，人によって様々なアイデアが出てくることが対話的な学びへ向かわせることにつながる。まず，問題や仮説を設定する場面や，調査項目を考える中でもかなりいろいろなアイデアが出てくるだろう。自分とは異なるアイデアに刺激を受けさらに考えを広げたりすることへとつながることが期待できる。また，それは分析や結論をまとめる際にも当てはまる。分析の仕方も定型で定まった処理を行うだけではないため，いろいろな分類・整理の仕方や読み取り・意味付けの仕方も出てくるだろう。他者の意見や視点，作業の仕方等から自己の考えを広げる経験ができると思われる。

3）深い学びの視点から

分析の際にはこれまでに学んだ統計グラフや代表値等を用いて行うことになるが，その際には自分たちで用いるグラフ等を取捨選択して使いこなすことになるだろう。学んだ統計的な手法がどのような場面でどのように役立てられるのかを学ぶ機会となり，手法の理解が深まることとなる。また，統計的な問題解決の活動全般についても経験を通じて学ぶことができる良い機会となる。さらには，他者の視点を通じて自己の考えを見直し，データについてさらに深い洞察が得られることも期待できる。

第8章 算数科の授業づくり

1．算数の授業

(1) 算数の授業とは何か

　授業とは，『学習指導用語事典』によれば，「人類の文化遺産の修得と産出を目的として，教える者と学ぶ者が作り出す教えと学びの過程[1)]」である。これにしたがえば，算数の授業とは，算数の修得と産出を目的として，教師と児童，児童と児童という相互のコミュニケーションを通してつくり出す教えと学びの過程ととらえることができる。ここで，大事なことは，授業は教師が仕組むという点である。たしかに児童が主体的に学ぶことは必要なのだが，あくまでも教師が指導計画という形で仕組むということである。教材提示，発問，応答等の教師の仕掛けによって，児童が算数の問題に取り組み，解決していく。児童を支援・指導していくのである。

　その結果，児童なりに数理的な知識を創造し構成することになる。これは，産出の観点から言えば，算数の定義や定理のミニ発見と呼べるものである。この発見や創造自体が「楽しい」のである。また，知識に伴って技能の習得も算数の授業で達成されなければならない事柄である。

「授業」という場で，「知」と「心」の変容が起きる

「知」：算数の価値
「心」：学ぶ意欲

図 8-1　「授業」という場

　算数の授業で身に付くのは知識・技能ばかりではない。問題解決を通してあれこれと考える中で，考え方と態度を体験して身に付けることになる。この考え方と態度は，知識を産出する原動力となるものである。こちらも大切にしたい。このように，知識・技能・考え方等にわたる，教師の教えと児童の学びの一連の過程が算数の授業である（図8-1）。

(2) 算数の知識・技能

　では，算数の「知識・技能」とは何かである。算数の内容は，数・量・図形等を対象にした児童にとって新しい言語である。日本語で記述されてはいるが外国語と同類で算数語ととらえるとすっきりする。算数の内容は数学的なアイデアに支えられてつくられてきている。「数」ということの創造自体が人類の素晴らしい発明である。その素晴らしい発明を児童に獲得してほしいのである。

　大胆に要約すると，算数で扱う内容は，算数の存在と性質（きまり）である。

数の存在，量の存在，図形の存在，数量関係の存在，統計の存在があり，それらの性質を教師と児童が問題解決を通して協働的に追創造していくのが算数の授業である。

例えば，第1学年のたし算で「どうして3＋2が5なのか？」という素朴な問いが児童に浮かびあがったとしよう。これは，加法という演算が集合の要素の結合を示し，その結果，結合された数が，整数の中で5に該当していたということで，名前の付け替えに当たるのである。あるとき，児童がどうしても3＋2が5になることをわからないでいた。すると，A児が「3＋1は3の次の数を求めることだ」と発見した。この気付きから，3＋2＝は3の次の次の数を求めることだと気付いていった。

ここでは，児童の頭の中に認知と情意の面で変化が起きている。認知の面としては，集合数と順序数の関係をみつけることだと考えられる。情意の面では，＋1は次の数を求めるというきまりの発見をして，とても楽しいと感じた。自分達で数学をつくる喜びを体験している。数学的活動が提唱されるのも，数理的であるきまりの発見が重要だからである。

(3) 概念形成と教師の役割

教師は，算数の授業において児童の頭の中に数理的な面について概念形成を図るように行動しなければならない。そのようにいうと，一方的に算数の内容を伝達すればよいと考える人も出てくる。そのほうが効率的であるという。しかし，認知心理学では，伝達だけでは，児童は概念形成できないということがわかっている。教え込みが難しいのである。あくまでも，概念形成は児童が主体的に問題解決を通して「わかる」ようになるのである。児童自らが獲得し構成するのである。算数で児童が「わかる」状態とはどのようなものであろうか。まずは，これまでにもっている知識と結びつくことである。

例えば，児童が長方形の面積の求め方を知っていたとしよう。その後で，L字型の面積を求める教材がある。このとき，補助線を引いてL字型の形を分割すれば，2つの長方形になる。そして，長方形の面積を別々に求めて足せばよいことに気づく。これが，「わかる」ということである。しかも，本当にわかれば，面積を求める方法を説明できるようになるし，なおかつその方法の根拠について筋道たてて説明できるようになる。ここまで児童に求めたいのである。

さて，算数の内容を「わかる」ことばかり強調してきたが，それだけではいけない。「できる」ということも大切なことである。1つの問題で「わかった」からといって，他の問題でも「できる」ようになるとは限らない。そのためには，いわゆる適用練習が不可欠である。児童に96÷32の筆算を指導したら，84÷21もできるようにすべきである。2けたでわるわり算の筆算は，仮商をたてる→かける→ひく→おろすの手順で行われるが，1けたでわる筆算でできていても，2けたになると商の見当と商のたつ位置を考えるだけでも難しい。また，(かける)のは，2けたであるから計算間違いしやすい。したがって，確実に手順を習得さ

せることも教師の役割である。つまり，45分の授業の中で「できる」ことも保障することである。適用練習を安易に宿題で課すのはよくない。「できる」ようになってから，忘れないために，また確実に「身に付く」ことのために宿題を出すようにしたい。「身に付いた」ことは，生活及び今後の学習に生きて働くことができる。つまり，活用できる状態までもっていきたい。

2．算数科における学習指導の視点

(1) 教えることと考えさせることの区別

算数科の授業は，問題解決を通して概念の形成を図るということはすでに述べた。ただし，やたらに問題を与えて解決させればよいというものでもない。

なぜなら，算数の内容は，定義と性質（定理）で構成されているからである。長方形は，「4つのかどがすべて直角の四角形を長方形といいます」と定義される。これは，教えることである。もちろん，実際の授業では，この定義を導くような場面を用意してまとめていく形をとるが，この定義を変更はできない。なぜなら，これが考える基になるからである。この定義の基で長方形の性質が生まれる。長方形の性質には，「向かい合う2組の辺が平行である」「向かい合う2組の辺の長さが同じである」…がある。

定義された長方形から新しい性質を探究するのが算数の学習である。長方形の紙を折ったり，測定したりしてそれらの性質を調べていく。これらが数学的活動である。このことは，既知と未知とがつながることにほかならない。

したがって，算数の授業では，何が定義されていて，そこから何が生まれるかを教材研究して授業を組み立てることが求められる。繰り返して述べるが，教科書にある問題を解決させれば，そういう思考が身に付くかというとそんなことはない。そのためには，教えることと考えさせることの区別を教師はもっておきたい。そうすると，最低限説明しなければならないことが明確になり，児童に考えさせる部分が焦点化されることになる。

(2) 授業をつくる上での視点

1時間の算数の授業をつくるには以下のようなことを考えて組み立てることが必要である。
・問題提示も含めてどんな導入にするのか。
・問題の意味を理解させるにはどうすればよいか。
・問題の「解決の見通し」をもたせるにはどうすればよいか。
・学習のめあては何にするのか。
・問いの発生の発問，解決のきっかけとなる発問，話し合いをまとめる発問はどうすればよいか。
・児童の自力解決活動を促すための手立てはどうすればよいか。
・教材・教具はどんなものを準備すればよいか。

・机間指導における指導と支援のあり方はどうすればよいか。
・グループ学習を取り入れるとすればどこか。
・わかりやすい板書を工夫するにはどうすればよいか。
・ノート指導をどのようにすればよいか。
・つまずきを予想して対応の仕方はどうすればよいか。
・本時のまとめは何にするのか。
・練習はどんな問題を用意すればよいか。
・教科書をどこでどのように活用するのか。

これだけ列挙すると，若い教師にはとても大変なことだと思う。そこで，最低限考えてほしいのが，めあて，問題提示，発問，板書，つまずきの対応の5点である。以下，この5点に絞って述べていく。

(3) めあて，問題提示，発問，板書，つまずき

1) ゴールから考える「めあて」

教材研究のときには，本時のゴールは何にすればよいのかを決めよう。これはいわゆる本時の目標であるが，行動目標として明確にすることである。

第3学年の小数のたし算 0.4 + 0.3 で述べよう。ゴールが，「小数のたし算の仕方を理解する」というのはとても曖昧である。「0.1 をもとにして（4 + 3）で考えて，0.7 と求めることができる」ことをゴールとしたい。これが「まとめ」である。

そうすると，自力解決後の練り上げでは，0.1 の考えを中心に扱うことが求められる。多様な考えが登場したとしても，この考え方に集約させたい。そうすると，自力解決の際にメインとなって解かせることができる。さらに戻ると，問題提示の後の「めあて」は，「小数の計算の仕方を考えよう」となる。

2) 問題提示

問題提示で大切なことは，動機付けと方法の見通しである。

児童は毎時間，算数の問題に初めて出会う。教師側からすれば問題を提示するのは当たり前だと思っているが，児童からみたら唐突である。したがって，問題を提示するときには，「なるほどそういう問題があるな」という意識付けが必要である。心理学の言葉で言えば，動機付けである。新学習指導要領には，「算数の学習場面から算数の問題を見いだして解決し，」[2] と示している。

例えば，第5学年で「分数 $\frac{3}{4}$ を小数で表しましょう」という問題がある。この問題をいきなり提示されても児童は，一体どういうことかわからない。分数を小数に直せるのかという疑問がわく。よって，まず，分数から小数に直せる例を示すことである。

$\frac{3}{10}$ は，小数でいうと 0.3 である。この理由は，$\frac{1}{10}$ が 0.1 だからである。そうすると，$\frac{1}{10}$ から $\frac{9}{10}$ までは，小数に表すことができることがわかる。そこで，分母が 10 でない場合として，$\frac{3}{4}$ を小数で表すことができないかと問いかける。始めは「できない」という声が多い。前時までに学習したわり算と分数の関係か

ら考えさせる。詳しくいえば，2÷3は$\frac{2}{3}$であったことを使って考えられることをヒントとして出す。これらが，方法の見通しである。

問題提示では，何が問題で何を求めるのか（求答事項），どうやって求めるのか（方法の見通し）を明確にしてから自力解決に入りたい。

3）児童が考える発問をしよう

発問とは，教師から「問い」を発することである。授業での発問によって児童の思考が活発になるかどうかが決まってくる。

よい発問の条件としては，次の①〜⑧がある。

① 簡潔で明快な発問　　② 発達に即応した発問　　③ 考えさせる発問
④ 学習意欲をもたせる発問　⑤ つながりのある発問　　⑥ 広がりのある発問
⑦ 児童の反応に応じた発問　⑧ テンポのよい発問

（1）問題の理解の場面で（問題場面の理解と学習課題の理解）

・問題を読みましょう。
・どんな問題でしたか。
・わかっていることは何ですか。
・求めるものは何ですか。
・これまで習った問題と，どこが違いますか。
・何か質問はありませんか。
・何をすればよいかわかりましたか。

（2）自力解決のための見通しを立てる場面で

・答えはおよそどのくらいでしょう。
・どのように解けばよいでしょう。
・これとよく似た問題はないですか。
・簡単な数に置き換えて考えてみましょう。

（3）自力解決の場面で

・困っている人はいますか。
・困っている人にはヒントを出そうか。
・この問題ができた人は，図（説明の文章）を付け足してごらん。
・確かめをするといいですよ。
・発表するのに説明を考えておきましょう。
・他のやり方で考えてみましょう。

（4）考えの発表の場面で（「練り上げ」という）

・○○さんの考えはわかりましたか。
・○○さんの考えをもう一度説明してみましょう（復唱）。
・付け足しはありますか。
・となりの子に○○さんのやり方を説明してみましょう。
・どのように（How）考えたのですか。
・どうして（または，なぜ）（Why）そう考えたのですか。
・それはどういうこと（What）ですか。

- それはこの図（板書）では，どこに（Where）ありますか。
- ○○さんの考え方について質問はありますか。
- どこから気付いたのですか。
- ○○さんの考えの良いところはわかりますか。
- 今の問題で，もとにした考え方は何ですか。
- 他のやり方はありませんか。
- AさんとBさんの考えはどこが似ているのでしょう。
- どこが同じでしょう。
- どこが違っているのでしょう。
- 仮にあなたの考えだとすると，どんな困ったことが起きるでしょう。
- いつでも成り立ちますか（一般化）。
- もっと簡単になりませんか（合理化）。
- 別の言葉で言えますか。
- 数を変えてもできますか。
- 似たような考え方の人はいますか。今の問題で，もとにした考え方は何ですか。
- （条件の）Aでないとしたら，どうなるでしょう。
- いろいろな考えが出たけれど，どの考えが気に入りましたか。

（5）まとめの場面で
- どんなことがわかりましたか。
- 一番大事なことをまとめましょう。
- どこが面白かったでしょう。
- どこが難しかったでしょう。
- 今日の授業で，どの考え方がよかったと思いましたか。
- 昨日の学習とどこが違うのでしょう。
- 明日の算数ではどんなことを学びたいですか。
- 似たような問題をつくってみましょう。

4）板書をみると，1時間の流れがわかる
① 板書には何が掲載されるべきか

板書によって授業内容が視覚化・焦点化・共有化される。

算数科の授業の板書には，次の項目が必要となる。導入問題，問いの発生，本時のめあて，解決の見通し，解決の様相（考え方，式，図，絵，数直線，つまずきやすい所等），結果（答え），練習問題，まとめが掲載される必要がある。

したがって，これらの項目について，事前に授業の展開と板書の計画を準備してのぞむようにしたい。また，定義と性質の観点でいえば，算数の用語の定義はきちんと，言葉・図・手順で示したい。教科書には必ず示されているので，そこからピックアップして掲載することである。いうまでもないが正しい考え方，正しい式，正しい図，正しい答えはきちんと明示することである。教科書はそのお手本となっている。

写真 8-1　板書の例

　そこでのポイントは，すっきりとしてわかりやすいということである。ごちゃごちゃした板書は情報が多すぎたり，関連性が見いだせなかったりして児童に混乱を招きやすい。授業のユニバーサルデザインの観点からいっても「すっきり」「わかりやすい」ことが大切なことである。わかりやすい板書を心がけると，ノートがきれいに整ったものとなる（写真8-1）。

② **板書の留意事項**

i　学年の発達に応じて，字の大きさを選ぶ。
　1年・2年だと一文字が8cm×8cm，3年以上は6cm×6cmの大きさは必要である。

ii　板書の基本は，早く書く，丁寧に書く，正しく書く。数字の筆順，記号，筆算の形式等も教師の書き方が常にお手本になるので正確に書く。

iii　学習のめあて，展開の道筋が児童にとってわかるように書く。

iv　AだからBになるという論理の過程は，矢印で書くとわかりやすい。

v　普通は白チョーク，大事なところは黄色のチョークで書く。赤チョークは，下線や枠で囲むときに使う（色覚障害の児童にも配慮する。つまり，文字としては書かない）。

vi　一度書いた板書は消さないようにする。

vii　必要に応じてデジタル教科書，フラッシュカード，デジタル黒板，小黒板，書画カメラ等の利用も考える。

viii　教師用の定規やコンパスの使用については，十分に練習しておく。

ix　上級の教育技術としては，児童のよい発言を書くことがある。板書で示された考えの根拠，補足，疑問，活用，発展等を書くと深い学びを実現できる。

x　授業中に教室の後ろから板書がよく見えるかどうか確認するとよい。教師の姿等で死角が出ないように注意する。

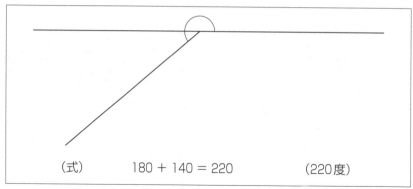

図8-2　180度を超える角の大きさを求めるときのつまずき

5）つまずきの対応

算数の授業では，児童がつまずく場合がある。

図8-2をみてほしい。これは，第4学年の180度を超える角の大きさを測る問題を解決した児童のワークシートである。

このつまずきは，どのようにして起こったのか。それは，1直線より下の角の大きさを測ったとき，分度器の目盛りが140度となっていたからである。本当は40度なのに，もう一つの目盛りを読み間違えたのである。しかし，答えは，220度と正解なのである。180 + 140 ならば320度となってもおかしくはない。とても不可解なつまずきである。しかし，この児童は，220度だと予想したのにもかかわらず，測定の目盛りの読み取りを誤ったのである。つまり分度器の目盛りの40度より140度の方が先に目に飛び込んできたためである。

このように，つまずきには，児童なりの思考がある。その思考の間違いを指摘してあげないと間違いだと気づかない。単に答えだけが合っていればよいというものではない。新学習指導要領では問題解決の過程を大切にするということが強調されている。答え合わせは，結果としての答えだけでなく思考過程も合わせるといったプロセス合わせも心がけたい。

第9章 指導計画の作成と評価

1．評価の意義と方法

　教育において評価が果たす役割は，教師にとってのものと児童にとってのものとでそれぞれ異なっている。

　まず，教師にとっての評価の役割とは，自分の指導を改善するためのものである。準備した指導計画や教材，授業展開等を児童の学習状況に照らして振り返ることで，反省点や改善点をみつけ，次に続く学習指導をよりよいものへと工夫するのである。また，児童一人ひとりの学習状況に応じた指導を工夫するためのものでもある。授業での発言や取組の様子等，授業中の評価と単元末や学期末等に行う授業後の評価によって，児童一人ひとりのつまずきや困難点，学習状況を把握し，それぞれの児童に合った指導を工夫するのである。

　一方，児童にとっての評価の役割とは，自分の学びを振り返り改善するためのもので，一般的には「自己評価」と呼ばれている。児童が自分の学習の達成状況をつかみ，得意なところや苦手なところをみつけたり，自分の行ってきた学習の仕方を振り返ってみたり，さらに自己を高めるために努力する等，「生きる力」でいうところの，自ら学び，自ら考え，主体的に判断し，行動すること等にも通じる重要な評価である。

(1) 相対評価・絶対評価

　児童に対する評価としては，相対評価と絶対評価の2つがある。

1) 相対評価

　相対評価は5段階評価等が例にあたるが，児童の学習の成果を学級の中で順位づけ，上位1割を「5」，次の2割を「4」，次の4割を「3」，次の2割を「2」，最後の1割を「1」というように，相対的な順位や位置をもとに評価する方法である。相対評価は学級の他の児童との比較や相対的に優れているかという指標が得られる反面，構成メンバーによって評価が変わるという性質をもっている。そのため，2002（平成14）年度から実施された小学校学習指導要領では絶対評価に切り替えられた。

2) 絶対評価

　絶対評価は，その個人の学習達成状況を評価の基準と照らし合わせ，どの位置にあたるのかを示す評価である。絶対評価では，1単位時間の授業や単元の学習目標に照らして，一人ひとりの児童が学習目標を達成できたかどうかに関する指標が得られる。例えば算数の評価基準では，各単元の内容ごと，また評価の観点

ごとに,「A：十分満足できる」,「B：おおむね満足できる」,「C：努力を要する」が設定されている。

(2) 事前評価・中間評価・事後評価

評価を実施時期によって分けると,次のようになる。

1) 事前評価

指導が始められる前に行われるもので,児童がそれまでに学んできた内容についての理解状況や考え方,技能の習熟度を的確に把握し,児童の実態に合った指導計画を立てたり,指導法を組み込んだりするために行う評価である。基本的には,単元の導入前や学期・学年の始めに実施される。問題の正答率や質問事項への回答を分析することで,学級のこれまでの算数学習の状況をとらえたり,児童ごとの得意不得意な内容単元やつまずき等を把握したりすることができる。そして,この結果に基づいて,単元の指導計画や個別の児童へのケア,グループ学習の編成等の際に活用する。

2) 中間評価

単元の途中や授業の過程で行われる。学級全体の学習状況や各児童の理解状況等をとらえることで,学習の進め方や指導のあり方を改善するために役立てられる。すなわち,指導の軌道修正が可能となる。

3) 事後評価

単元末や学期末に行われる評価で,設定した目標や評価規準に対して児童が十分に達成できたかどうかを明らかにし,指導法の改善や個別指導に生かすために行われる評価である。学習指導は,目標に沿って組み立てられるものであるから,事後評価によって児童が十分に学習できているかどうかを指導後に明らかにすることができる。

(3) 診断的評価・形成的評価・総括的評価

評価を目的や役割によって分けると,次のようになる。

1) 診断的評価

これから取り組む学習のために必要となる既習事項を児童がどの程度身に付けているかを診断し,その後の指導に生かすために行われる評価である。そのため,学期・学年の始めや単元の始め等に行う。テストやアンケートを用いることが多い。例えば,第5学年「分数のたし算・ひき算」の指導を組み立てるにあたって,第3学年で学んだ分数の意味や第4学年で学んだ同分母分数の加減等に関する理解度を診断し,十分に身に付いていない場合には確認や補充をしてから単元の指導に入る等といったように用いられる。

診断的評価は事前評価ととらえることもでき,児童の学習上の困難点を「診断」し,その結果を踏まえて適切な「処方」をするために行われる評価である。

2) 形成的評価

指導をある程度進めたところで,その時点までの学習状況を把握し,残りの指

導に役立てるための評価である。

　授業中や2～3時間の授業後，単元の途中等の適切な時期に，どの程度目標を達成できているかどうかを把握し，それによって理解の不十分な箇所や遅れ等をとらえ，指導計画を修正したり，指導の仕方を改善したりするために行われる評価である。形成的評価により，児童自身が自己の学習状況を把握でき，学習の仕方を改めたり，課題意識を強めたりする等，主体的に取り組むことが期待できる。例えば，第5学年「分数のたし算・ひき算」の第1時では，評価規準「通分を用いて計算方法を考えることができる」に照らして，机間指導を通して評価し，達成できていない場合は，その場で補充することもできる。

　形成的評価は中間評価の一部とも考えられる。3節「授業における評価と指導」(p.139～)でも詳しく述べるが，授業の過程において行う形成的評価は評価の中で大変重要なものである。

3) 総括的評価

　単元終了時点や，学期末，学年末等，一定期間の学習指導が終了した時点で，目標の達成状況を振り返ってみたり，学習成果がどの程度得られたのかを確認したりする評価である。

　「新学習指導要領」では，「第1章　総則」の「第3　教育課程の実施と学習評価」の「2　学習評価の充実」において，「学習評価の実施に当たっては，次の事項に配慮するものとする」として，以下の2点を挙げている[1]。

（1）児童のよい点や進歩の状況などを積極的に評価し，学習したことの意義や価値を実感できるようにすること。また，各教科等の目標の実現に向けた学習状況を把握する観点から，単元や題材など内容や時間のまとまりを見通しながら評価の場面や方法を工夫して，学習の過程や成果を評価し，指導の改善や学習意欲の向上を図り，資質・能力の育成に生かすようにすること。

（2）創意工夫の中で学習評価の妥当性や信頼性が高められるよう，組織的かつ計画的な取組を推進するとともに，学年や学校段階を越えて児童の学習の成果が円滑に接続されるように工夫すること。

　なお，資質・能力の3つが評価の三観点になるので，詳しくは次の節で述べる。

2. 評価規準の設定

　国立教育政策研究所教育課程研究センターより2010（平成22）年11月に出された「評価規準の作成のための参考資料（小学校）」では，算数科における評価の観点とその趣旨が「**評価規準**」として次のように示されている（表9-1）。

　一方，「**評価基準**」は，以上の4つの観点に関する達成目標を児童たちがどの程度達成されたかを基準として示したものである。観点ごとに「A：十分満足できる」，「B：おおむね満足できる」，「C：努力を要する」で示される。評価規準の定め方には，①学期ごとの通知票や学年末の指導要録を考慮した評価規準，②単元ごとの評価規準及び1単位時間の学習過程に関する評価規準がある。

表 9-1　算数科における評価の観点とその趣旨〔2019（平成 31）年度まで〕

算数への関心・意欲・態度	数学的な考え方	数量や図形についての技能	数量や図形についての知識・理解
数理的な事象に関心をもつとともに，算数的活動の楽しさや数理的な処理のよさに気付き，進んで生活や学習に活用しようとする。	日常の事象を数理的にとらえ，見通しをもち筋道立てて考え表現したり，そのことから考えを深めたりするなど，数学的な考え方の基礎を身に付けている。	数量や図形についての数学的な表現や処理にかかわる技能を身に付けている。	数量や図形についての豊かな感覚をもち，それらの意味や性質などについて理解している。

出典：国立教育政策研究所教育課程研究センター，評価規準の作成のための参考資料（小学校），2010 年

表 9-2　単元の評価規準　第 5 学年「小数のわり算」

算数への関心・意欲・態度	数学的な考え方	数量や図形についての技能	数量や図形についての知識・理解
・小数の除法の計算の仕方を整数の計算の仕方と関連付けて考えようとしている。 ・小数が整数と同じ十進位取り記数法で表されていることを活用し，小数の計算も整数の計算と同じように考えることができるというよさに気付いている。	・小数の除法の計算の仕方を考えている。	・1/100 の位までの小数の除法の計算ができる。	・除数が整数である場合の計算の考え方を基にして，除数が小数である場合の除法の意味について理解している。 ・小数の除法について，整数の場合と同じ関係や法則が成り立つことを理解している。 ・小数の除法の計算における余りの大きさについて理解している。

出典：国立教育政策研究所教育課程研究センター，評価方法等の工夫改善のための参考資料，2011 年

　ここでは②に関して述べる。まず，学期ごとの指導計画を基に表 9-2 のように，「単元の評価規準」を設定する。単元の評価規準は，前掲の「評価規準の作成のための参考資料（小学校）」（国立教育政策研究所教育課程研究センター）の「第 3 章　算数」や「評価方法等の工夫改善のための参考資料」（国立教育政策研究所教育課程研究センター）の「小学校編　算数」にいくつかの単元の評価規準の事例が掲載されているので参考にするとよい。ここでは，第 5 学年「小数のわり算」の単元の評価規準を示しておく。

　ただし，これら 4 つの観点は，平成 20 年版学習指導要領に基づくものであり，2020 年度から実施される新学習指導要領では，3 つの観点に整理されている。国から出された資料等がまだないため，目標に照らして整理しておく（表 9-3）。

表9-3 算数科における評価の観点とその趣旨（2020年度から）

数量や図形等についての基礎的・基本的な知識及び技能	数学的な思考力，判断力，表現力等	算数の学びに向かう力，人間性等
数量や図形等についての基礎的・基本的な概念や性質等を理解すると共に，日常の事象を数理的に処理する技能を身に付けている。	日常の事象を数理的にとらえ見通しをもち筋道を立てて考察する力，基礎的・基本的な数量や図形の性質等をみいだし統合的・発展的に考察する力，数学的な表現を用いて事象を簡潔・明瞭・的確に表したり目的に応じて柔軟に表したりする力を身に付けている。	数学的活動の楽しさや数学のよさに気付き，学習を振り返ってよりよく問題を解決しようとしたり，算数で学んだことを生活や学習に活用しようとしたりする。

3. 授業における評価と指導

　評価をそれ自体で終わらせるのではなく，指導に生かすことが重要である。例えば学習状況が十分でないと評価された児童に対しては，新たな指導や支援を加えることで満足できる状況にまで学力を高める必要があるし，満足できる状況にあると評価された児童に対しても，学力をさらに高めるための指導を講じることが求められる。このように評価はその後の指導改善に直接的に反映させるために行われるべきであり，これを**指導と評価の一体化**という。指導に即時に反映させるためには，学習の過程における中間評価（形成的評価）のほうが重要となる。

　指導と評価の一体化を実現させるために重要なことは，単元の目標と評価規準を明確にし，単元の指導計画・評価計画を立て，指導の過程に形成的評価を適切に実施し，その結果をその後の指導へと反映させることである。この考えに基づき，指導と評価の一体化の例を示す。

① 算数科の目標及び観点別学習状況の3つ（4つ）の観点と趣旨を十分に理解し，単元の目標及び評価規準を設定する。

② 単元の指導計画・評価計画を立てる。評価計画には，毎時間の学習活動を踏まえて具体的な評価規準を1単位時間に1つあるいは2つ設定し，どのように評価するかもあわせて指導計画に盛り込む。

③ ②で設定した評価計画を1単位時間の授業のどの場面でどのように評価するかを指導案に記載し，指導と評価の一体化を図る。

　次に，1単位時間における指導と評価の一体化の進め方を「小数のわり算」の第2時を例に説明する。

　事前評価として，第4学年で学習した「1.2Lのジュースを3人で同じように分けたら1人分はどれだけになりますか」等の被除数が小数の問題の解き方を聞く（知識・技能の評価）。また，1.2は0.1が何個分かを確認する（知識・技能の評価）。これらを診断し，十分でない場合には補充する（形成的評価）。

本時の課題である「リボンを2.5m買ったら，代金は400円でした。このリボン1mの値段を求めましょう」を提示し，立式させる。「400÷2.5」という立式ができない場合には，前時までの学習を振り返ったり，被除数・除数ともに整数の同型の問題等を提示したりすることで支援する（形成的評価）。

次に計算の仕方について考えさせる。机間指導の際に「400÷2.5 = 160　160円」というように式と答えしかノートに書かない児童には「この式をつくるためにどのように考えましたか」等と問いかけ，それをノートに書かせるとよい（思考力・判断力・表現力の評価）。机間指導で得た児童の情報をもとにその後の展開を工夫する（形成的評価）。

このように，1単位時間の授業の中でも，観点別評価や形成的評価が行われ，指導にも役立てられるのである。

4. 学習指導計画の意義と作成

学習指導要領には算数科の学習目標をはじめ，各学年の目標，各単元の目標も明確に定められている。学習指導を通して児童が学習内容をきちんと身に付け，目標とする成果を達成するためには，事前に綿密かつ入念な計画を立てておくことが不可欠である。先述のように単元の指導計画・評価計画等も設定し，それらをきちんと理解することで，授業内のある特定の場面でも，教師は迷うことなく児童に向き合うことができるのである。また，指導内容，指導方法に対する検討，児童の実態把握，児童に即した教材・教具の選定等の事前の準備が必要である。

指導計画には，「年間の指導計画」，「学期の指導計画」といったように比較的長期にわたるもの，「単元の指導計画」，「単位時間の指導計画」といったように比較的短期のものがある。

(1) 学習指導計画の意義

指導計画を立てることには，次のような意義がある。
① 指導内容の特徴や配列，つながりをとらえることができ，その意図をよく理解して指導に臨むことができる。
② 授業で提示する課題や指導方法，授業展開等についてあらかじめ適切に検討することができ，よいものを選ぶことができる。
③ 指導において何らかの問題が生じた場合にも，適切な判断基準をもって対処できる。
④ 児童の学習状況の評価の結果を，その後の学習指導に反映し，よりよい指導へと改善するために生かすことができる。

児童の学びを支え，適切に導いていくためには，指導計画をきめ細かく設定し，事前の準備を万全にして臨むことは不可欠である。それでも実際の指導は思うようにいかず，修正を迫られることもあるだろう。指導と評価の一体化を図りつつ指導に臨む必要がある。

(2) 学習指導計画の作成

ここでは，単元の指導計画作成における留意事項を述べる。

1) 算数の系統性に沿って配列すること

算数の指導計画を立てるときには基本的に，①簡単なものから難しいものへ，②基礎的なものから応用的なものへ，③単純なものから複雑なものへ，とつなげていくことが望ましい。

例えば，多角形の内角の和について学習する際には，まず一番単純な三角形の内角の和を扱う。3つの角の大きさを測ってたし合わせる児童や，三角形を切り離して3つの角を1箇所に集めると一直線になることをみつける児童，同じ三角形を3つ組み合わせても一直線になることをみつける児童，6つでちょうどすき間なく埋められることに気が付く児童等，様々な児童の姿がみられるであろう。それらの気付きを生かして，ここでは実験的（帰納的）に180度であることを確認する。続いて四角形の内角の和を考える際には，三角形のときと同様に実験的（帰納的）に360度であることを確かめることも大切であるが，三角形の内角の和が180度であることを用いて，四角形を対角線で切って2つの三角形に分ける等して，既習の事実に基づき，演繹的に四角形の内角の和が360度になることを見い出していくことも重要である。

このように，算数の内容は基本的に児童にとってわかりやすい簡単なものから徐々に考え方や方法が高度になるように配列されている。

2)「主体的・対話的で深い学び」を実現すること

算数の学習が進むにつれて，次第に実験的・経験的な事実の確認から「なぜそうなるのか」という根拠を追究する姿勢や考え方，演繹的に事実を導く考え方が重要になってくる。また，計算の仕方だけを記憶していくような学習ではなく，なぜそうすることで正しい答えを導き出せるのかを考え，理解することが大切である。特に単元を貫く考え方にはある程度共通している部分があり，意識して授業に取り入れていくと，児童は新規の内容でも過度な負担にならずに取り組むことができる。例えば除数が分数の場合でも，整数の場合と比べてみて立式してみることや，面積図等を用いて計算の仕方に意味を伴わせることで筋道立てた考え方ができるようになる。お互いの考え方を交流させ，さらに「一般化」や「簡潔・明瞭」という視点で話し合うことで「主体的・対話的で深い学び」が実現する。

3) 数学的活動を重視すること

算数の内容において，児童が心底納得したり，学んだ内容を違った側面からとらえ直して深めたりするためには，「数学的活動」として提案されている体験的な活動や調査的，探究的な活動等を取り入れていく必要がある。

4) 反復（スパイラル）学習を重視すること

算数の内容は「反復（スパイラル）」を前提に構成されている。整数で学んだ四則演算について，分数や小数を学んだ後には，同じようにあてはまるかどうか，前の学年で学んだ整数での学習内容を振り返りながら進める等，各学年，各単元

の学習内容が分断されるのではなく，関連する内容の学習の際には振り返りながら学習することで，一層の習熟・定着を図るとともに，児童にとって理解しやすくなるように配慮されている。

5）指導に生きる評価をすること

授業の進行中にも，児童がその授業の内容を理解できているか，つまずいているところはどこか等を評価し，その結果を即時に指導に反映させるようにしたい（指導と評価の一体化）。

5．学習指導案の意義と作成

授業は指導目標を達成するために行われる活動であるが，教科書に記載されている内容を伝達すればよいというものではない。授業は，児童同士あるいは児童と教師のかかわり合い，教師による教材提示の仕方及び授業展開，児童の課題への取り組み方等，様々な要素が影響し合う複雑な活動であり，絶対にうまくいくという授業は存在しない。そのため指導目標を達成させるためには，指導目標，内容についてしっかりと吟味し，児童の学習状況や実態を踏まえた上で，教材を選定し，提示の仕方，発問の投げかけ方，個人追究の時間の取り方，グループでの共有のさせ方，学級全体での練り上げの仕方等，綿密に計画を立てることで，少しでも目標達成に近づけるのである。その計画を形にしたものが学習指導案である。

(1) 学習指導案の意義

学習指導案を立てることには，次のような意義がある。
① 学習者が「主体的・対話的で深い学び」をするために，授業者が何を目指して，どのような方法で授業を行うかを示すもの。
② 授業を参観する教師に，授業者が何を目指して，どのような方法で授業を行うかを示すもの。
③ 学習指導案を読んだ教師が，同じ授業を行えるように示すもの。

(2) 学習指導案の作成

学習指導案には特に定まった書式があるわけではなく，地域や学校，また目的により，様々な形式が存在する。本書では代表的な形式の例を後述する。

学習指導案を作成するためには，「小学校学習指導要領」や「小学校学習指導要領解説算数編」をよく読み，本時が何を目標として行われるかをよく理解する必要がある。その上で，教材を選定し，提示の仕方，発問の投げかけ方，個人追究の時間の取り方，グループでの共有のさせ方，学級全体での練り上げの仕方等を考えるのであるが，このような研究活動を教材研究という。学習指導案の具体例は後述するとして，まず教材研究についてまとめておく。

1）「指導目標」について

その指導内容を通して児童に何を学習させたいのか，次に述べる「指導内容」の検討結果を踏まえて，「数量や図形などについての基礎的・基本的な知識及び技能」，「数学的な思考力，判断力，表現力等」，「算数の学びに向かう力，人間性等」の3つの観点より検討する。

2）「指導内容」について

指導内容が算数の配列上どこに位置づくのか，すなわち必要となる既習知識やその先の学習へのつながり等を考察し，その学習においてポイントとなる見方や考え方等も明らかにする。

3）「授業構成」について

児童の興味・関心を引き付け，無理のない授業の流れをつくっていくために，課題提示の仕方や追究する時間の取り方，グループでの共有のさせ方，学級全体での練り上げをどのように進めるか等，授業展開の仕方について検討を行う。考えるべき視点は様々で，例えば児童の実態に合った課題であるか，算数が得意な児童も苦手な児童もそれぞれなりに取り組むことができる幅のある課題か，数学的活動はどのように現れてくるのか，多様な考えを全体で共有して発展させるためにどのように練り上げの時間をもてばよいのか等が挙げられる。

4）「指導方法」について

ここまでの指導目標や指導内容，授業構成に関する検討も含めて，実際に授業の中でどのように指導を行うかを明らかにする。児童が課題に取り組む際にも，個別学習，ペア学習，グループ学習，一斉学習等学習形態には選択肢があり，ティームティーチング（TT）等を取り入れることもできる。例えば，学習状況に差のある児童を同じグループにし，話し合いを積極的に促すことで双方の学びを深めることもできるし，個別学習にして遅れている児童への支援をTTの教師に任せることもできる。また，同じ課題でも黒板に掲示するのか，電子黒板等を用いてみせるのか，あるいは児童に作業させるのか等，検討する余地は様々にある。

（3）学習指導案の内容

前述したように，学習指導案の形式や記載される内容は，地域や学校によって異なっている。ここでは，一般的な事項について述べる。

1．単元名

教科書の単元名を書くことが多いが，算数の内容で書く場合と学習者である児童の立場で書く場合がある。

2．単元の目標

その単元の学習目標を，学年目標や領域目標等を踏まえながら，学習指導要領や教科書指導書等を参考に書く。観点別評価の3観点「数量や図形などについての基礎的・基本的な知識及び技能」，「数学的な思考力，判断力，表現力等」，「算数の学びに向かう力，人間性等」のそれぞれについての目標を示す場合もある。本書では，評価規準とあわせた形で示してある。

3．目標との関連

　授業者がその単元の指導について，どのようにとらえ，何をねらいとしているのかを述べる。一般的には，「単元観」，「児童観」，「指導観」に該当する3項目について記述する。

　「単元観」には，その単元での学習内容の特徴や，その単元の学習が算数の内容全体の中でどのように位置づけられるのかということについてまとめる。「児童観」には，学級の児童のこれまでの学習の様子や実態，本単元の学習を通して取り入れたい学習活動や実現したい姿等についてまとめる。そして「単元観」，「児童観」の2つを踏まえ，実際にその単元の指導を進めていくための具体的な手立てを「指導観」としてまとめる。また，「指導観」には小単元ごとの学習活動の組み立て方や児童の活動の内容，指導における重点等についても記載する。

4．単元の計画

　その単元と小単元とを含めてどのように構成されているのか，また本時の指導が単元内のどこに位置づくのかを示す。

5．本時の指導

（1）本時の目標

　本時の指導目標を観点別評価の3観点に沿って示す。3観点すべてではなく，1つや2つの場合もある。

（2）準　備

　教具や教育機器，学習プリント等，児童が使うものも含め，教師が準備するものを書く。

（3）本時の展開

　本時の授業が具体的にどう展開されるのかを示す。「段階」，「学習活動」，「指導上の留意事項」等の欄に該当する項目を記載する。「段階」には，大まかな授業の流れとして，導入，展開（自力解決，練り上げ），まとめ等，「学習活動」には，児童が行う活動，児童の予想される解答，教師の発問等，「指導上の留意事項」には，教師の支援，評価規準や方法等を示す。

6．反　省

　通常上記の1～6まであるものを細案と呼び，5だけのものを略案と呼ぶ。

(4) 学習指導案の例

【数と計算】第2学年　算数科学習指導案

1．**単元名**　かけ算（1）

2．**単元の目標**

乗法の意味を理解し，5, 2, 3, 4の段の九九を構成し，九九を唱えたり，それを適用したりできる。
（評価規準）
〔知識・技能〕記号「×」や用語「かけ算」「～ばい」の意味を理解し，乗法の式に表したり，九九を唱えたり，それを適用して問題を解くことができる。
〔思考力・判断力・表現力〕かける数が1増えると積はかけられる数だけ増えることを使って，

九九を構成することができる。
〔学びに向かう力，人間性〕乗法に関心をもち，身の回りから乗法で表せる場面を進んでみつけようとする。

3．目標との関連

第1学年では，10のまとまりをつくったり，2とび5とびで数えたりする等，同じ数のまとまりの個数を数えて総数を求めるといった，乗法の素地を養うような活動をしている。本単元では，1つ分の大きさが同じで，それがいくつ分かあるときに，その全体の大きさを求める場合に乗法が用いられることを学習する。したがって，乗法の意味指導にあたっては，まず「同じ大きさのかたまり」に着目させること，それが「いくつ分」あるのかをはっきりと意識づけることが必要である。具体物の操作や図をかく活動で乗法の場面を表現したり，身の回りで乗法が適用できる場面を探したりする活動を取り入れ，乗法の意味を確実にしていく。

4．単元の計画（全18時間）

第1次　乗法の意味…4時間（本時1／4時間）
第2次　かけ算の九九…12時間
第3次　まとめ…2時間

5．本時の指導

（1）本時の目標
具体的な操作を通して，基準量の「いくつ分」という見方について理解する。

（2）準　備
掛図，ドット図のカード（教師用，児童用），数図ブロック（教師用，児童用），プリント

（3）本時の展開（T＝教師，C＝児童）

	学習活動・学習内容	指導上の留意事項・評価規準
導入	1　学習場面をとらえる。 　　T　どんな乗り物がありますか。 　　C　ジェットコースター 　　C　観覧車 2　本時の課題を知る。	・遊園地の挿絵をみて，楽しい場所から学習意欲を高める。
展開	3　乗り物に乗っている人の数を調べる。 　　T　丸太船に乗っている人にブロックを置いてみよう。 　　T　乗り物を□，人を○でかいてみよう。 　　C　ゴーカートは2人ずつ 　　C　ジェットコースターは5人ずつ 　　C　観覧車はばらばら 　　T　他の乗り物もやってみよう。	・丸太船のやり方を全員でやることで，1台に乗っている人の数を○で表し，○図の下に「4こ」と書くことを確認する。 ・1台に乗っている人の数が同じ乗り物とばらばらの乗り物があることに気付かせる。 ・「5人ずつ」という言葉が児童から出てきたら「それはどういうことか」と問い返し，出てこない場合には教える。
	4　「5この3つ分」という言い方を知る。 　　C　5こ，5こ，5こ となっている。 　　C　5こが1,2,3台あつまっている。 　　T　これを「5この3つ分」と言う。	
	5　「○この□つ分」という言い方を定着する。 　　C　5こが1,2,3,4だから「5この4つ分」 　　C　5こが1,2だから「5この2つ分」	・「5この□つ分」がある程度定着したら，2人組で教科書の挿絵の他の乗り物についても「○この□つ分」で言わせる。

	6 練習問題を解く。 ・ドット図のカードから「○この□つ分」という言葉を書く。 ・「5この4つ分」をドット図にかく。	評「○この□つ分」という言い方がわかったか（プリント）。
まとめ	7 学習を振り返り，まとめをする。 ・算数日記を記入する。 　C 同じ数がいくつかあると，「○この□つ分」ということがわかった。 　C ばらばらのときは「○この□つ分」と言うことができない。	・本時の授業でわかったことや友達の意見でよくわかったことを書いた感想を紹介する。

【図形】第3学年　算数科学習指導案

1．単元名　三角形

2．単元の目標

二等辺三角形，正三角形の意味を理解し，作図できる。また，二等辺三角形や正三角形の角の大小・相等関係を確かめられる。

（評価規準）

〔知識・技能〕二等辺三角形や正三角形の定義・性質について理解し，コンパスを使って作図することができる。

〔思考力・判断力・表現力〕辺の長さによって三角形を分類して考え，定義をもとに二等辺三角形や正三角形について説明することができる。

〔学びに向かう力，人間性〕二等辺三角形や正三角形に関心をもち，それらの性質を調べようとしたり，身の回りから進んでみつけようとしたりする。

3．目標との関連

第2学年では，三角形・四角形等の基本図計を学び，正方形・長方形とともに直角に着目させた直角三角形について学習している。本単元では，図形の構成要素の1つである辺の長さに着目して三角形を分類することを通して，二等辺三角形や正三角形の定義を理解するとともに，それらの性質を調べることを通して，コンパスを用いた作図方法を考えさせたりすることをねらいとしている。さらに，同じ大きさの二等辺三角形や正三角形を敷き詰め，平面の広がりを認識させ，図形についての見方や感覚を豊かにする。単元全体を通して，体験的な数学的活動を積極的に取り入れながら，学習を進めていく。

4．単元の計画（全8時間）

　第1次　二等辺三角形や正三角形の定義…2時間（本時2／2時間）
　第2次　二等辺三角形や正三角形の性質及び作図…3時間
　第3次　二等辺三角形や正三角形の敷き詰め…1時間
　第4次　まとめ…2時間

5．本時の指導

（1）本時の目標

いろいろな三角形を辺の長さに着目して仲間分けする活動を通して，二等辺三角形と正三角形の意味を知り，弁別することができる。

5. 学習指導案の意義と作成　147

（2）準　備
電子黒板，ワークシート（児童用），コンパス（教師用，児童用）
（3）本時の展開（T＝教師，C＝児童）

	学習活動・学習内容	指導上の留意事項・評価規準
導入	1　前時の学習を振り返る。 （1）前時につくった三角形を確認する。 （2）三角形の何に目を付けて整理したかを振り返る。 　　C　棒の色 　　C　辺の長さ 2　本時の課題を知る。 　　　三角形の3つの辺の長さに目をつけてなかまわけしよう。	・前時に児童は4種類の長さの色棒で三角形をつくり，それを全体で整理する活動をして，「辺（色）に目を付けて整理したらいい」という考えを導いている。本時の始めに電子黒板を使い，前時の活動を再現し，辺（棒）に目をつけて整理したことを振り返る。
展開	4　本時の課題を解決する。 （1）三角形の仲間分けをする。 ・9個の三角形を，3つの辺の長さに目を付けて，仲間分けする。 ・分けた三角形を○で囲み，仲間にした理由をワークシートに書く。 （2）三角形の仲間分けと分けた理由を発表し，話し合う。 　　C　㋔・㋕・㋖は棒の色が全部同じだから，3つの辺の長さが等しい。 　　C　㋐・㋒・㋓は棒の色が2本同じだから，2つの辺の長さが等しい 　　C　㋑・㋗・㋘は棒の色がみんな違うから，辺の長さがみんな違う。 （3）二等辺三角形と正三角形の名称と定義を知る。 5　いろいろな三角形を弁別する。 ①色の付いた棒でつくった三角形 ②色が付いてなく，各辺に長さの書いてある三角形 ③各辺の長さがわからない三角形 　　T　どうしたら辺の長さが比べられるか。 　　C　定規で測る。 　　C　コンパスを使う。	・児童のつくった三角形は数が多いので，教師が選んだ9個の三角形で仲間分けしていくことを知らせる。 ・9個の三角形を電子黒板に映し，印刷したワークシートを児童に配布する。 ・まず3人組で考え方を話し合わせ，次に学級で共有する。 ・児童の発表のとき，電子黒板上の三角形を○で囲ませ，電子黒板上の三角形をドラッグして右側に移動し，同じ仲間の三角形を並べる。 ・移動した後の画面にも，白黒でもとの三角形が残るようにし，何を移動させたのかわかるようにする。 ・児童に仲間分けした理由を説明させ，「辺の長さが○本等しい」という発言を定義に結び付ける。 ・電子黒板を使って，フラッシュカードを提示するように三角形を映し出し，名前を言わせる。問題を段階的に提示し，三角形の弁別が正しくできるようにする。 ・実物投影機を使い，コンパスを使った方法をみせる。
	6　練習問題を解く。 ・コンパスを使って，長さを測り取る方法を使って，二等辺三角形と正三角形を弁別する。	評　二等辺三角形や正三角形の定義をもとに三角形を弁別することができる。 （机間指導・ワークシート点検）
まとめ	7　学習を振り返り，まとめをする。 ・算数日記を記入する。	・本時の授業でわかったことや友達の意見でよくわかったことを書いた感想を紹介する。

文　　献

1章
<引用文献>
1）溝上慎一：アクティブラーニングと教授学習パラダイムの転換，東信堂，2014年，p.7
2）松下佳代：ディープ・アクティブラーニング，勁草書房，2015年，p.1
<参考文献>
愛される学校づくり研究会：野口芳宏・有田和正・志水廣　授業名人が語るICT活用，プラネクサス，2012年
志水　廣：2つの「しかけ」でうまくいく！算数授業のアクティブ・ラーニング，明治図書，2016年
志水　廣編著：算数的活動60選，東洋館出版社，2001年
志水　廣編著：小学校算数科の指導 第2版，建帛社，2012年
志水　廣編著：算数授業のユニバーサルデザイン　5つのルール・50のアイデア，明治図書，2014年
志水　廣編著：算数授業のユニバーサルデザイン　指導技術編　4つのしかけ・60のアイデア，明治図書，2014年
創価大学教職大学院編：教室にアクティブ・ラーニングがやってきた！－八王子市アクティブ・ラーニング推進校の取り組み－，精興社，2017年
エリザベス・バークレイ著，安永悟訳：協同学習の技法，ナカニシヤ出版，2009年
中央教育審議会：幼稚園，小学校，中学校，高等学校及び特別支援学校の学習指導要領等の改善及び必要な方策等について（答申），文部科学省HP，2016年
文部科学省：小学校学習指導要領，2017年
文部科学省：小学校学習指導要領解説算数編，2017年
文部科学省：中央教育審議会答申，2012年

2章
<引用文献>
1）文部科学省：小学校学習指導要領，2017年
<参考文献>
小倉金之助：日本の数学，岩波書店，1940年
片桐重男：算数教育学概論，東洋館出版社，2012年
片桐重男：名著復刻数学的な考え方の具体化，明治図書，2017年
森　毅：数学文化の歴史と教育，国土社，1991年
日本数学教育学会編：数学教育学研究ハンドブック，東洋館出版社，2010年
文部科学省：幼稚園，小学校，中学校，高等学校及び特別支援学校の学習指導要領等の改善及び必要な方策等について（答申）（中教審第197号）http://www.mext.go.jp/b_menu/shingi/chukyo/chukyo0/toushin/1380731.htm
文部科学省：幼稚園，小学校，中学校，高等学校及び特別支援学校の学習指導要領等の改善及び必要な方策等について（答申）【概要】http://www.mext.go.jp/component/b_menu/shingi/toushin/__icsFiles/afieldfile/2016/12/27/1380902_1.pdf

3章
<参考文献>
黒木哲徳：入門算数学，日本評論社，2003年
清水静海，船越俊介：わくわく算数指導書第1部総説，啓林館，2011年
志水　廣編著：小学校算数科の指導 第2版，建帛社，2012年
数学教育研究会編：算数教育の理論と実際，聖文新社，2010年
田村三郎，船越俊介，近藤彰他：算数教育概論，現代教学社，1983年
ドゥニ・ゲージ著，藤原正彦監修，南條郁子訳：数の歴史，創元社，1998年
守屋誠司他：小学校指導法算数，玉川大学出版部，2011年

4章
<参考文献>
志水　廣編著：小学校算数科の指導 第2版，建帛社，2012年

文献

算数科授業研究の会：改訂版 算数科教育の基礎・基本，明治図書，2010年
日本数学教育学会編著：算数教育指導用語辞典 第4版，教育出版，2009年
細水保宏編著：研究授業で使いたい！算数教材20，東洋出版社，2012年
啓林館編集部：わくわく算数1～6，啓林館，2014年
志水　廣：若手教師必携！算数教科書の用語・記号教え方ガイドブック，明治図書，2012年
文部科学省：小学校学習指導要領解説算数編，2017年

5章
＜参考文献＞
黒木哲徳：入門算数学，日本評論社，2009年
黒田恭史：初等算数科教育法，ミネルヴァ書房，2015年
守屋誠司：小学校算数，玉川大学出版部，2015年
志水　廣編著：小学校算数科の指導 第2版，建帛社，2012年，pp.113-119
中川眞砂代：ストンとわかる算数「重さの学習」，フォーラムA 1995年，pp.48-49

6章
＜参考文献＞
啓林館編集部：算数指導書総説2015年度版，啓林館，2015年
啓林館編集部：指導書第2部詳説わくわく算数4 2015年度版，啓林館，2015年
啓林館編集部：指導書第2部詳説わくわく算数5 2015年度版，啓林館，2015年
啓林館編集部：指導書第2部詳説わくわく算数6 2015年度版，啓林館，2015年
東洋館出版社編集部：小学校新学習指導要領ポイント総整理，東洋館出版社，2017年
志水　廣編著：小学校算数科の指導 第2版，建帛社，2012年，pp.158-162
日本数学教育学会編：数学教育学研究ハンドブック，東洋館出版社，2010年，pp.142-149

7章
＜参考文献＞
総務省統計局：平成28年社会生活基本調査-生活時間に関する結果-，2017年
中央教育審議会教育課程部会算数・数学ワーキンググループ：算数・数学ワーキンググループにおける審議の取りまとめについて（報告），2016年
日本健康運動研究所HP：http://www.jhei.net/
文部科学省：小学校学習指導要領解説算数編，2017年

8章
＜引用文献＞
1）辰野千壽編：〔第三版〕学習指導用語辞典，教育出版，2010年，p.80
2）文部科学省：小学校学習指導要領，2017年，p.53

9章
＜引用文献＞
1）文部科学省：小学校学習指導要領，2017年

＜参考文献＞
愛される学校づくり研究会：野口芳宏・有田和正・志水廣　授業名人が語るICT活用，プラネクサス，2012年
国立教育政策研究所教育課程研究センター：評価規準のための参考資料（小学校），2010年
志水　廣編著：小学校算数科の指導 第2版，建帛社，2012年
鈴木将史：算数科教育，創価大学，2010年
創価大学教職大学院編：教室にアクティブ・ラーニングがやってきた！－八王子市アクティブ・ラーニング推進校の取り組み－，精興社，2017年
文部科学省：小学校学習指導要領解説算数編，2017年
文部科学省：中央教育審議会答申，2012年

巻末資料1：用語・記号の基本—かき方—と道具の使い方

1　数字のかき方

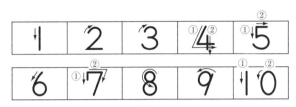

図1　整数のかき順

分数　分母は上につめ，分子は下につめて，1つの数として見やすいようにかく。

小数　小数点は罫線の上にかく。

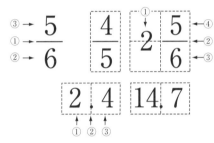

図2　分数・小数のかき方

2　記号・文字のかき方

加法記号＋　横線とたて線は同じ長さにする。数字よりやや小さくする。

減法記号－　横線の長さは＋の横線と同じにする。数字よりやや小さくする。

乗法記号×　①，②の長さは同じにする。数字よりやや小さくする。

除法記号÷　横線は減法記号－と同じ長さにする。数字よりやや小さくする。

等号＝　横線は＋の横線と同じ長さにする。幅（平行線の間隔）は，長さの $\frac{1}{4}$ ぐらい。

％　数字の高さを一辺とする正方形の対角線を斜線とする。左上と右下に「0」をかく。

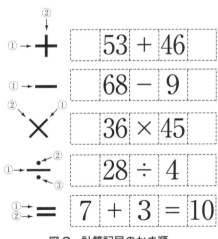

図3　計算記号のかき順

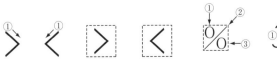

図4　不等号のかき順　　図5　％, x, y のかき方

3　筆算のかき方

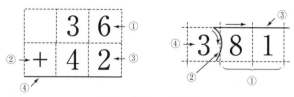

図6　筆算のかき方

※わり算の筆算では，①→②→④→③の順でかくこともある。

4　単位名のかき方

数字と同じ大きさで，数字の右にかく。10人，5まい，8円，17ひき，ただし，m，cm，mmは数字の $\frac{1}{2}$ の大きさで，下部を揃える。

図7　単位名のかき方-①

km，kgは，54 km，9 kgのように，小文字kの第1画は数字の高さとする。第2画は，数字の $\frac{1}{2}$ の高さとする。

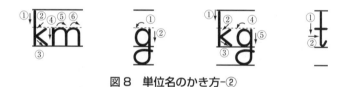

図8　単位名のかき方-②

L，dLは54L，92dLのように，数字と同じ高さにする。

図9　単位名のかき方-③

cm^2，m^2 は図7のかき方に，km^2 は図8のかき方に準ずる。

図10　単位名のかき方-④

5 道具の使い方

〔ものさしの使い方〕

(1) ものさしを用いて長さを測る

① 測るものの端にものさしの目盛りを揃え，きちんと並ぶようにする。
② ものさしの目盛りのある側を向こうになるようにし，目盛りは真上から見る。
③ 5 cm，10 cm，15 cm などの目盛りや 5 mm などの目盛りに目をつけて能率よく目盛りを読み取る。
④ いちばん大きい目盛り（1 cm 刻み）で，まず何センチメートルかを読み，次には下の長さ，ミリメートルの目盛りで読む。
⑤ ものさしの端からではなく，5 cm，10 cm の目盛りから測るようにする。
　※ 注意：ものさしの左端から 1 cm と数える児童がいる。一番左端は 0 であることに注意したい。

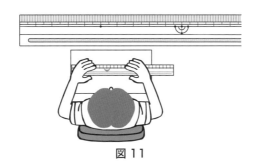

図 11

(2) ものさしを用いて，与えられた長さの直線を引く

① 例えば，7 cm の長さの直線を引く場合には，7 cm の両端に当たる点を打つ（図 12）。
② ものさしの背に当たる部分（目盛りと反対側）に鉛筆を当て，線を引く。
③ ものさしが動かないように左手でしっかり押さえ，左の方から右の方へと線を引く。

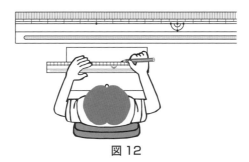

図 12

〔三角定規の使い方〕

(1) 三角定規を使った作業

① 直線を引く。長さの測定の伴った直線ではものさしを使う。図をかいたりアンダーラインを引くなどでは，三角定規で手軽に直線を引くことができる。押さえる手の位置と指の開きに注意する。

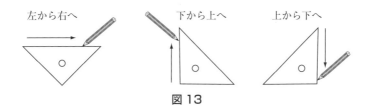

図 13

② 垂直な直線や平行な直線を引くときに，三角定規を用いるとうまく引ける。

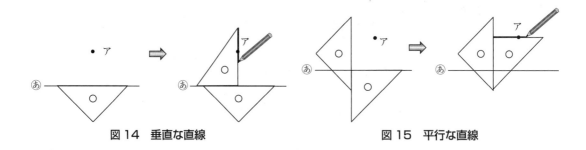

図14　垂直な直線　　　　　　　図15　平行な直線

〔コンパスの使い方〕
(1) コンパスの機能
コンパスは，ア．円をかく，イ．線分の長さを写し取る，という2つの機能を持っている。

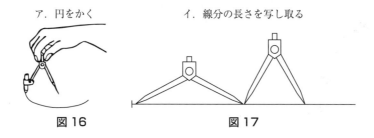

図16　　　　　図17

(2) コンパスを使った円の作図の手順
① 下敷きを取り除く。
② コンパスはかこうとする大きさの円の半径に合わせて開く。
③ 針はノートにしっかりと刺す。
④ コンパスの上のつまみを右手の親指と人差し指で軽く持つ。
⑤ 時計回りに時計の5時の位置を起点として回す。
　※注意：かき出しを時計の12時の所からすると，最後の方がとてもかきにくい。

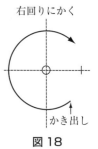

図18

(3) 角の大きさのはかり方
① 分度器の中心を頂点 a にあわせる。
② 0°の線を辺 ab にあわせる。

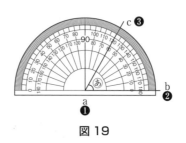

図19

資料1　155

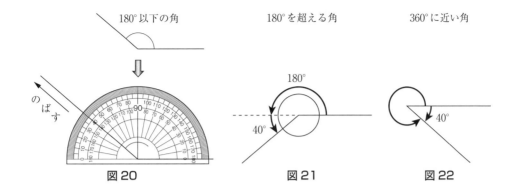

③　辺 ac の上にある目盛りを読む。
　　図19の⑩の目盛りの大きさは，60°である。
　※　分度器の目盛りの数字が外側と内側で異なるので，どこからどこまでを測っているのかを意識させることが大切である。
④　角をつくる辺の長さが短い場合には，辺をのばし角度を読み取る（図20）。
⑤　角度が180°より大きい場合には，180°を超える角度を測り，180°にたす（図21）。
⑥　あるいは図22のように360°より足りない角度を測り，360°よりひく。

(4) 角のかき方
40°の角をかく場合
①　直線 ab をかく。
②　分度器の中心を点 a にあわせる。

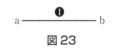

図23

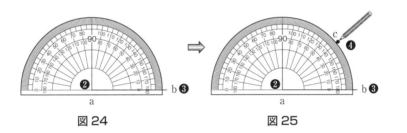

③　0°の線を辺 ab に重ねる。
④　40°の目盛りのところに点 c を打つ。
⑤　点 a と点 c を通る直線をかく。

図26

本付録の執筆にあたり，志水廣，算数力がつく教え方ガイドブック，明治図書，2006年，および，改訂版 算数指導ハンドブック，啓林館，2016年を参考にした。

巻末資料２：小学校学習指導要領　　　　　　　平成29年3月31日　文部科学省告示

第３節　算　数

第１　目標

　数学的な見方・考え方を働かせ，数学的活動を通して，数学的に考える資質・能力を次のとおり育成することを目指す。

(1) 数量や図形などについての基礎的・基本的な概念や性質などを理解するとともに，日常の事象を数理的に処理する技能を身に付けるようにする。

(2) 日常の事象を数理的に捉え見通しをもち筋道を立てて考察する力，基礎的・基本的な数量や図形の性質などを見いだし統合的・発展的に考察する力，数学的な表現を用いて事象を簡潔・明瞭・的確に表したり目的に応じて柔軟に表したりする力を養う。

(3) 数学的活動の楽しさや数学のよさに気付き，学習を振り返ってよりよく問題解決しようとする態度，算数で学んだことを生活や学習に活用しようとする態度を養う。

第２　各学年の目標及び内容

〔第１学年〕

１　目　標

(1) 数の概念とその表し方及び計算の意味を理解し，量，図形及び数量の関係についての理解の基礎となる経験を重ね，数量や図形についての感覚を豊かにするとともに，加法及び減法の計算をしたり，形を構成したり，身の回りにある量の大きさを比べたり，簡単な絵や図などに表したりすることなどについての技能を身に付けるようにする。

(2) ものの数に着目し，具体物や図などを用いて数の数え方や計算の仕方を考える力，ものの形に着目して特徴を捉えたり，具体的な操作を通して形の構成について考えたりする力，身の回りにあるものの特徴を量に着目して捉え，量の大きさの比べ方を考える力，データの個数に着目して身の回りの事象の特徴を捉える力などを養う。

(3) 数量や図形に親しみ，算数で学んだことのよさや楽しさを感じながら学ぶ態度を養う。

２　内　容

Ａ　数と計算

(1) 数の構成と表し方に関わる数学的活動を通して，次の事項を身に付けることができるよう指導する。

　ア　次のような知識及び技能を身に付けること。

(ｱ) ものとものとを対応させることによって，ものの個数を比べること。

(ｲ) 個数や順番を正しく数えたり表したりすること。

(ｳ) 数の大小や順序を考えることによって，数の系列を作ったり，数直線の上に表したりすること。

(ｴ) 一つの数をほかの数の和や差としてみるなど，ほかの数と関係付けてみること。

(ｵ) ２位数の表し方について理解すること。

(ｶ) 簡単な場合について，３位数の表し方を知ること。

(ｷ) 数を，十を単位としてみること。

(ｸ) 具体物をまとめて数えたり等分したりして整理し，表すこと。

　イ　次のような思考力，判断力，表現力等を身に付けること。

(ｱ) 数のまとまりに着目し，数の大きさの比べ方や数え方を考え，それらを日常生活に生かすこと。

(2) 加法及び減法に関わる数学的活動を通して，次の事項を身に付けることができるよう指導する。

　ア　次のような知識及び技能を身に付けること。

(ｱ) 加法及び減法の意味について理解し，それらが用いられる場合について知ること。

(ｲ) 加法及び減法が用いられる場面を式に表したり，式を読み取ったりすること。

(ｳ) １位数と１位数との加法及びその逆の減法の計算が確実にできること。

(ｴ) 簡単な場合について，２位数などについても加法及び減法ができることを知ること。

　イ　次のような思考力，判断力，表現力等を身に付けること。

(ｱ) 数量の関係に着目し，計算の意味や計算の仕方を考えたり，日常生活に生かしたりすること。

Ｂ　図形

(1) 身の回りにあるものの形に関わる数学的活動を通して，次の事項を身に付けることができるよう指導する。

　ア　次のような知識及び技能を身に付けること。

(ｱ) ものの形を認め，形の特徴を知ること。

(ｲ) 具体物を用いて形を作ったり分解したりすること。

(ｳ) 前後，左右，上下など方向や位置につい

ての言葉を用いて,ものの位置を表すこと。
イ 次のような思考力,判断力,表現力等を身に付けること。
(ア) ものの形に着目し,身の回りにあるものの特徴を捉えたり,具体的な操作を通して形の構成について考えたりすること。
C 測定
(1) 身の回りのものの大きさに関わる数学的活動を通して,次の事項を身に付けることができるよう指導する。
ア 次のような知識及び技能を身に付けること。
(ア) 長さ,広さ,かさなどの量を,具体的な操作によって直接比べたり,他のものを用いて比べたりすること。
(イ) 身の回りにあるものの大きさを単位として,その幾つ分かで大きさを比べること。
イ 次のような思考力,判断力,表現力等を身に付けること。
(ア) 身の回りのものの特徴に着目し,量の大きさの比べ方を見いだすこと。
(2) 時刻に関わる数学的活動を通して,次の事項を身に付けることができるよう指導する。
ア 次のような知識及び技能を身に付けること。
(ア) 日常生活の中で時刻を読むこと。
イ 次のような思考力,判断力,表現力等を身に付けること。
(ア) 時刻の読み方を用いて,時刻と日常生活を関連付けること。
D データの活用
(1) 数量の整理に関わる数学的活動を通して,次の事項を身に付けることができるよう指導する。
ア 次のような知識及び技能を身に付けること。
(ア) ものの個数について,簡単な絵や図などに表したり,それらを読み取ったりすること。
イ 次のような思考力,判断力,表現力等を身に付けること。
(ア) データの個数に着目し,身の回りの事象の特徴を捉えること。
〔数学的活動〕
(1) 内容の「A 数と計算」,「B 図形」,「C 測定」及び「D データの活用」に示す学習については,次のような数学的活動に取り組むものとする。
ア 身の回りの事象を観察したり,具体物を操作したりして,数量や形を見いだす活動
イ 日常生活の問題を具体物などを用いて解決したり結果を確かめたりする活動
ウ 算数の問題を具体物などを用いて解決したり結果を確かめたりする活動
エ 問題解決の過程や結果を,具体物や図などを用いて表現する活動
〔用語・記号〕
一の位 十の位 + - =

〔第2学年〕
1 目 標
(1) 数の概念についての理解を深め,計算の意味と性質,基本的な図形の概念,量の概念,簡単な表とグラフなどについて理解し,数量や図形についての感覚を豊かにするとともに,加法,減法及び乗法の計算をしたり,図形を構成したり,長さやかさなどを測定したり,表やグラフに表したりすることなどについての技能を身に付けるようにする。
(2) 数とその表現や数量の関係に着目し,必要に応じて具体物や図などを用いて数の表し方や計算の仕方などを考察する力,平面図形の特徴を図形を構成する要素に着目して捉えたり,身の回りの事象を図形の性質から考察したりする力,身の回りにあるものの特徴を量に着目して捉え,量の単位を用いて的確に表現する力,身の回りの事象をデータの特徴に着目して捉え,簡潔に表現したり考察したりする力などを養う。
(3) 数量や図形に進んで関わり,数学的に表現・処理したことを振り返り,数理的な処理のよさに気付き生活や学習に活用しようとする態度を養う。
2 内 容
A 数と計算
(1) 数の構成と表し方に関わる数学的活動を通して,次の事項を身に付けることができるよう指導する。
ア 次のような知識及び技能を身に付けること。
(ア) 同じ大きさの集まりにまとめて数えたり,分類して数えたりすること。
(イ) 4位数までについて,十進位取り記数法による数の表し方及び数の大小や順序について理解すること。
(ウ) 数を十や百を単位としてみるなど,数の相対的な大きさについて理解すること。
(エ) 一つの数をほかの数の積としてみるなど,ほかの数と関係付けてみること。
(オ) 簡単な事柄を分類整理し,それを数を用いて表すこと。
(カ) $\frac{1}{2}$, $\frac{1}{3}$ など簡単な分数について知ること。
イ 次のような思考力,判断力,表現力等を身に付けること。
(ア) 数のまとまりに着目し,大きな数の大き

さの比べ方や数え方を考え，日常生活に生かすこと。
(2) 加法及び減法に関わる数学的活動を通して，次の事項を身に付けることができるよう指導する。
　ア　次のような知識及び技能を身に付けること。
　　(ｱ) 2位数の加法及びその逆の減法の計算が，1位数などについての基本的な計算を基にしてできることを理解し，それらの計算が確実にできること。また，それらの筆算の仕方について理解すること。
　　(ｲ) 簡単な場合について，3位数などの加法及び減法の計算の仕方を知ること。
　　(ｳ) 加法及び減法に関して成り立つ性質について理解すること。
　　(ｴ) 加法と減法との相互関係について理解すること。
　イ　次のような思考力，判断力，表現力等を身に付けること。
　　(ｱ) 数量の関係に着目し，計算の仕方を考えたり計算に関して成り立つ性質を見いだしたりするとともに，その性質を活用して，計算を工夫したり計算の確かめをしたりすること。
(3) 乗法に関わる数学的活動を通して，次の事項を身に付けることができるよう指導する。
　ア　次のような知識及び技能を身に付けること。
　　(ｱ) 乗法の意味について理解し，それが用いられる場合について知ること。
　　(ｲ) 乗法が用いられる場面を式に表したり，式を読み取ったりすること。
　　(ｳ) 乗法に関して成り立つ簡単な性質について理解すること。
　　(ｴ) 乗法九九について知り，1位数と1位数との乗法の計算が確実にできること。
　　(ｵ) 簡単な場合について，2位数と1位数との乗法の計算の仕方を知ること。
　イ　次のような思考力，判断力，表現力等を身に付けること。
　　(ｱ) 数量の関係に着目し，計算の意味や計算の仕方を考えたり計算に関して成り立つ性質を見いだしたりするとともに，その性質を活用して，計算を工夫したり計算の確かめをしたりすること。
　　(ｲ) 数量の関係に着目し，計算を日常生活に生かすこと。
B　図形
(1) 図形に関わる数学的活動を通して，次の事項を身に付けることができるよう指導する。
　ア　次のような知識及び技能を身に付けること。
　　(ｱ) 三角形，四角形について知ること。
　　(ｲ) 正方形，長方形，直角三角形について知ること。
　　(ｳ) 正方形や長方形の面で構成される箱の形をしたものについて理解し，それらを構成したり分解したりすること。
　イ　次のような思考力，判断力，表現力等を身に付けること。
　　(ｱ) 図形を構成する要素に着目し，構成の仕方を考えるとともに，身の回りのものの形を図形として捉えること。
C　測定
(1) 量の単位と測定に関わる数学的活動を通して，次の事項を身に付けることができるよう指導する。
　ア　次のような知識及び技能を身に付けること。
　　(ｱ) 長さの単位（ミリメートル（mm），センチメートル（cm），メートル（m））及びかさの単位（ミリリットル（mL），デシリットル（dL），リットル（L））について知り，測定の意味を理解すること。
　　(ｲ) 長さ及びかさについて，およその見当を付け，単位を適切に選択して測定すること。
　イ　次のような思考力，判断力，表現力等を身に付けること。
　　(ｱ) 身の回りのものの特徴に着目し，目的に応じた単位で量の大きさを的確に表現したり，比べたりすること。
(2) 時刻と時間に関わる数学的活動を通して，次の事項を身に付けることができるよう指導する。
　ア　次のような知識及び技能を身に付けること。
　　(ｱ) 日，時，分について知り，それらの関係を理解すること。
　イ　次のような思考力，判断力，表現力等を身に付けること。
　　(ｱ) 時間の単位に着目し，時刻や時間を日常生活に生かすこと。
D　データの活用
(1) データの分析に関わる数学的活動を通して，次の事項を身に付けることができるよう指導する。
　ア　次のような知識及び技能を身に付けること。
　　(ｱ) 身の回りにある数量を分類整理し，簡単な表やグラフを用いて表したり読み取ったりすること。
　イ　次のような思考力，判断力，表現力等を身に付けること。
　　(ｱ) データを整理する観点に着目し，身の回りの事象について表やグラフを用いて考察すること。

〔数学的活動〕
(1) 内容の「A 数と計算」,「B 図形」,「C 測定」及び「D データの活用」に示す学習については,次のような数学的活動に取り組むものとする。
　ア　身の回りの事象を観察したり,具体物を操作したりして,数量や図形に進んで関わる活動
　イ　日常の事象から見いだした算数の問題を,具体物,図,数,式などを用いて解決し,結果を確かめる活動
　ウ　算数の学習場面から見いだした算数の問題を,具体物,図,数,式などを用いて解決し,結果を確かめる活動
　エ　問題解決の過程や結果を,具体物,図,数,式などを用いて表現し伝え合う活動

〔用語・記号〕
　直線　直角　頂点　辺　面　単位　×　＞　＜

3　内容の取扱い
(1) 内容の「A 数と計算」の(1)については,1万についても取り扱うものとする。
(2) 内容の「A 数と計算」の(2)については,必要な場合には,( )や□などを用いることができる。また,計算の結果の見積りについて配慮するものとする。
(3) 内容の「A 数と計算」の(2)のアの(ウ)については,交換法則や結合法則を取り扱うものとする。
(4) 内容の「A 数と計算」の(3)のアの(ウ)については,主に乗数が1ずつ増えるときの積の増え方や交換法則を取り扱うものとする。
(5) 内容の「B 図形」の(1)のアの(イ)に関連して,正方形,長方形が身の回りで多く使われていることが分かるようにするとともに,敷き詰めるなどの操作的な活動を通して,平面の広がりについての基礎となる経験を豊かにするよう配慮するものとする。

〔第3学年〕
1　目標
(1) 数の表し方,整数の計算の意味と性質,小数及び分数の意味と表し方,基本的な図形の概念,量の概念,棒グラフなどについて理解し,数量や図形についての感覚を豊かにするとともに,整数などの計算をしたり,図形を構成したり,長さや重さなどを測定したり,表やグラフに表したりすることなどについての技能を身に付けるようにする。
(2) 数とその表現や数量の関係に着目し,必要に応じて具体物や図などを用いて数の表し方や計算の仕方などを考察する力,平面図形の特徴を図形を構成する要素に着目して捉えたり,身の回りの事象を図形の性質から考察したりする力,身の回りにあるものの特徴を量に着目して捉え,量の単位を用いて的確に表現する力,身の回りの事象をデータの特徴に着目して捉え,簡潔に表現したり適切に判断したりする力などを養う。
(3) 数量や図形に進んで関わり,数学的に表現・処理したことを振り返り,数理的な処理のよさに気付き生活や学習に活用しようとする態度を養う。

2　内容
A　数と計算
(1) 整数の表し方に関わる数学的活動を通して,次の事項を身に付けることができるよう指導する。
　ア　次のような知識及び技能を身に付けること。
　　(ア)　万の単位について知ること。
　　(イ)　10倍,100倍,1000倍,$\frac{1}{10}$の大きさの数及びそれらの表し方について知ること。
　　(ウ)　数の相対的な大きさについての理解を深めること。
　イ　次のような思考力,判断力,表現力等を身に付けること。
　　(ア)　数のまとまりに着目し,大きな数の大きさの比べ方や表し方を考え,日常生活に生かすこと。
(2) 加法及び減法に関わる数学的活動を通して,次の事項を身に付けることができるよう指導する。
　ア　次のような知識及び技能を身に付けること。
　　(ア)　3位数や4位数の加法及び減法の計算が,2位数などについての基本的な計算を基にしてできることを理解すること。また,それらの筆算の仕方について理解すること。
　　(イ)　加法及び減法の計算が確実にでき,それらを適切に用いること。
　イ　次のような思考力,判断力,表現力等を身に付けること。
　　(ア)　数量の関係に着目し,計算の仕方を考えたり計算に関して成り立つ性質を見いだしたりするとともに,その性質を活用して,計算を工夫したり計算の確かめをしたりすること。
(3) 乗法に関わる数学的活動を通して,次の事項を身に付けることができるよう指導する。
　ア　次のような知識及び技能を身に付けること。
　　(ア)　2位数や3位数に1位数や2位数をかける乗法の計算が,乗法九九などの基本的な計算を基にしてできることを理解すること。

また，その筆算の仕方について理解すること。
　　　　(イ) 乗法の計算が確実にでき，それを適切に用いること。
　　　　(ウ) 乗法に関して成り立つ性質について理解すること。
　　イ　次のような思考力，判断力，表現力等を身に付けること。
　　　　(ア) 数量の関係に着目し，計算の仕方を考えたり計算に関して成り立つ性質を見いだしたりするとともに，その性質を活用して，計算を工夫したり計算の確かめをしたりすること。
(4)　除法に関わる数学的活動を通して，次の事項を身に付けることができるよう指導する。
　　ア　次のような知識及び技能を身に付けること。
　　　　(ア) 除法の意味について理解し，それが用いられる場合について知ること。また，余りについて知ること。
　　　　(イ) 除法が用いられる場面を式に表したり，式を読み取ったりすること。
　　　　(ウ) 除法と乗法や減法との関係について理解すること。
　　　　(エ) 除数と商が共に1位数である除法の計算が確実にできること。
　　　　(オ) 簡単な場合について，除数が1位数で商が2位数の除法の計算の仕方を知ること。
　　イ　次のような思考力，判断力，表現力等を身に付けること。
　　　　(ア) 数量の関係に着目し，計算の意味や計算の仕方を考えたり，計算に関して成り立つ性質を見いだしたりするとともに，その性質を活用して，計算を工夫したり計算の確かめをしたりすること。
　　　　(イ) 数量の関係に着目し，計算を日常生活に生かすこと。
(5)　小数とその表し方に関わる数学的活動を通して，次の事項を身に付けることができるよう指導する。
　　ア　次のような知識及び技能を身に付けること。
　　　　(ア) 端数部分の大きさを表すのに小数を用いることを知ること。また，小数の表し方及び $\frac{1}{10}$ の位について知ること。
　　　　(イ) $\frac{1}{10}$ の位までの小数の加法及び減法の意味について理解し，それらの計算ができることを知ること。
　　イ　次のような思考力，判断力，表現力等を身に付けること。
　　　　(ア) 数のまとまりに着目し，小数でも数の大きさを比べたり計算したりできるかどうかを考えるとともに，小数を日常生活に生かすこと。
(6)　分数とその表し方に関わる数学的活動を通して，次の事項を身に付けることができるよう指導する。
　　ア　次のような知識及び技能を身に付けること。
　　　　(ア) 等分してできる部分の大きさや端数部分の大きさを表すのに分数を用いることを知ること。また，分数の表し方について知ること。
　　　　(イ) 分数が単位分数の幾つ分かで表すことができることを知ること。
　　　　(ウ) 簡単な場合について，分数の加法及び減法の意味について理解し，それらの計算ができることを知ること。
　　イ　次のような思考力，判断力，表現力等を身に付けること。
　　　　(ア) 数のまとまりに着目し，分数でも数の大きさを比べたり計算したりできるかどうかを考えるとともに，分数を日常生活に生かすこと。
(7)　数量の関係を表す式に関わる数学的活動を通して，次の事項を身に付けることができるよう指導する。
　　ア　次のような知識及び技能を身に付けること。
　　　　(ア) 数量の関係を表す式について理解するとともに，数量を□などを用いて表し，その関係を式に表したり，□などに数を当てはめて調べたりすること。
　　イ　次のような思考力，判断力，表現力等を身に付けること。
　　　　(ア) 数量の関係に着目し，数量の関係を図や式を用いて簡潔に表したり，式と図を関連付けて式を読んだりすること。
(8)　そろばんを用いた数の表し方と計算に関わる数学的活動を通して，次の事項を身に付けることができるよう指導する。
　　ア　次のような知識及び技能を身に付けること。
　　　　(ア) そろばんによる数の表し方について知ること。
　　　　(イ) 簡単な加法及び減法の計算の仕方について知り，計算すること。
　　イ　次のような思考力，判断力，表現力等を身に付けること。
　　　　(ア) そろばんの仕組みに着目し，大きな数や小数の計算の仕方を考えること。
B　図形
(1)　図形に関わる数学的活動を通して，次の事項

を身に付けることができるよう指導する。
　ア　次のような知識及び技能を身に付けること。
　　(ｱ)　二等辺三角形，正三角形などについて知り，作図などを通してそれらの関係に次第に着目すること。
　　(ｲ)　基本的な図形と関連して角について知ること。
　　(ｳ)　円について，中心，半径，直径を知ること。また，円に関連して，球についても直径などを知ること。
　イ　次のような思考力，判断力，表現力等を身に付けること。
　　(ｱ)　図形を構成する要素に着目し，構成の仕方を考えるとともに，図形の性質を見いだし，身の回りのものの形を図形として捉えること。
C　測定
(1)　量の単位と測定に関わる数学的活動を通して，次の事項を身に付けることができるよう指導する。
　ア　次のような知識及び技能を身に付けること。
　　(ｱ)　長さの単位（キロメートル（km））及び重さの単位（グラム（g），キログラム（kg））について知り，測定の意味を理解すること。
　　(ｲ)　長さや重さについて，適切な単位で表したり，およその見当を付け計器を適切に選んで測定したりすること。
　イ　次のような思考力，判断力，表現力等を身に付けること。
　　(ｱ)　身の回りのものの特徴に着目し，単位の関係を統合的に考察すること。
(2)　時刻と時間に関わる数学的活動を通して，次の事項を身に付けることができるよう指導する。
　ア　次のような知識及び技能を身に付けること。
　　(ｱ)　秒について知ること。
　　(ｲ)　日常生活に必要な時刻や時間を求めること。
　イ　次のような思考力，判断力，表現力等を身に付けること。
　　(ｱ)　時間の単位に着目し，時刻や時間の求め方について考察し，日常生活に生かすこと。
D　データの活用
(1)　データの分析に関わる数学的活動を通して，次の事項を身に付けることができるよう指導する。
　ア　次のような知識及び技能を身に付けること。
　　(ｱ)　日時の観点や場所の観点などからデータを分類整理し，表に表したり読んだりすること。
　　(ｲ)　棒グラフの特徴やその用い方を理解すること。
　イ　次のような思考力，判断力，表現力等を身に付けること。
　　(ｱ)　データを整理する観点に着目し，身の回りの事象について表やグラフを用いて考察して，見いだしたことを表現すること。
〔数学的活動〕
(1)　内容の「A 数と計算」，「B 図形」，「C 測定」及び「D データの活用」に示す学習については，次のような数学的活動に取り組むものとする。
　ア　身の回りの事象を観察したり，具体物を操作したりして，数量や図形に進んで関わる活動
　イ　日常の事象から見いだした算数の問題を，具体物，図，数，式などを用いて解決し，結果を確かめる活動
　ウ　算数の学習場面から見いだした算数の問題を，具体物，図，数，式などを用いて解決し，結果を確かめる活動
　エ　問題解決の過程や結果を，具体物，図，数，式などを用いて表現し伝え合う活動
〔用語・記号〕
　等号　不等号　小数点　$\frac{1}{10}$の位　数直線　分母　分子　÷

3　内容の取扱い
(1)　内容の「A 数と計算」の(1)については，1億についても取り扱うものとする。
(2)　内容の「A 数と計算」の(2)及び(3)については，簡単な計算は暗算でできるよう配慮するものとする。また，計算の結果の見積りについても触れるものとする。
(3)　内容の「A 数と計算」の(3)については，乗数又は被乗数が0の場合の計算についても取り扱うものとする。
(4)　内容の「A 数と計算」の(3)のアの(ｳ)については，交換法則，結合法則，分配法則を取り扱うものとする。
(5)　内容の「A 数と計算」の(5)及び(6)については，小数の0.1と分数の$\frac{1}{10}$などを数直線を用いて関連付けて取り扱うものとする。
(6)　内容の「B 図形」の(1)の基本的な図形については，定規，コンパスなどを用いて，図形をかいたり確かめたりする活動を重視するとともに，三角形や円などを基にして模様をかくなどの具体的な活動を通して，図形のもつ美しさに関心をもたせるよう配慮するものとする。
(7)　内容の「C 測定」の(1)については，重さの単

位のトン（t）について触れるとともに，接頭語（キロ（k）やミリ（m））についても触れるものとする。
(8) 内容の「Dデータの活用」の(1)のアの(イ)については，最小目盛りが2,5又は20,50などの棒グラフや，複数の棒グラフを組み合わせたグラフなどにも触れるものとする。

〔第4学年〕
1 目標
(1) 小数及び分数の意味と表し方，四則の関係，平面図形と立体図形，面積，角の大きさ，折れ線グラフなどについて理解するとともに，整数，小数及び分数の計算をしたり，図形を構成したり，図形の面積や角の大きさを求めたり，表やグラフに表したりすることなどについての技能を身に付けるようにする。
(2) 数とその表現や数量の関係に着目し，目的に合った表現方法を用いて計算の仕方などを考察する力，図形を構成する要素及びそれらの位置関係に着目し，図形の性質や図形の計量について考察する力，伴って変わる二つの数量やそれらの関係に着目し，変化や対応の特徴を見いだして，二つの数量の関係を表や式を用いて考察する力，目的に応じてデータを収集し，データの特徴や傾向に着目して表やグラフに的確に表現し，それらを用いて問題解決したり，解決の過程や結果を多面的に捉え考察したりする力などを養う。
(3) 数学的に表現・処理したことを振り返り，多面的に捉え検討してよりよいものを求めて粘り強く考える態度，数学のよさに気付き学習したことを生活や学習に活用しようとする態度を養う。

2 内容
A 数と計算
(1) 整数の表し方に関わる数学的活動を通して，次の事項を身に付けることができるよう指導する。
　ア 次のような知識及び技能を身に付けること。
　　(ア) 億，兆の単位について知り，十進位取り記数法についての理解を深めること。
　イ 次のような思考力，判断力，表現力等を身に付けること。
　　(ア) 数のまとまりに着目し，大きな数の大きさの比べ方や表し方を統合的に捉えるとともに，それらを日常生活に生かすこと。
(2) 概数に関わる数学的活動を通して，次の事項を身に付けることができるよう指導する。
　ア 次のような知識及び技能を身に付けること。
　　(ア) 概数が用いられる場合について知ること。
　　(イ) 四捨五入について知ること。
　　(ウ) 目的に応じて四則計算の結果の見積りをすること。
　イ 次のような思考力，判断力，表現力等を身に付けること。
　　(ア) 日常の事象における場面に着目し，目的に合った数の処理の仕方を考えるとともに，それを日常生活に生かすこと。
(3) 整数の除法に関わる数学的活動を通して，次の事項を身に付けることができるよう指導する。
　ア 次のような知識及び技能を身に付けること。
　　(ア) 除数が1位数や2位数で被除数が2位数や3位数の場合の計算が，基本的な計算を基にしてできることを理解すること。また，その筆算の仕方について理解すること。
　　(イ) 除法の計算が確実にでき，それを適切に用いること。
　　(ウ) 除法について，次の関係を理解すること。
　　　（被除数）＝（除数）×（商）＋（余り）
　　(エ) 除法に関して成り立つ性質について理解すること。
　イ 次のような思考力，判断力，表現力等を身に付けること。
　　(ア) 数量の関係に着目し，計算の仕方を考えたり計算に関して成り立つ性質を見いだしたりするとともに，その性質を活用して，計算を工夫したり計算の確かめをしたりすること。
(4) 小数とその計算に関わる数学的活動を通して，次の事項を身に付けることができるよう指導する。
　ア 次のような知識及び技能を身に付けること。
　　(ア) ある量の何倍かを表すのに小数を用いることを知ること。
　　(イ) 小数が整数と同じ仕組みで表されていることを知るとともに，数の相対的な大きさについての理解を深めること。
　　(ウ) 小数の加法及び減法の計算ができること。
　　(エ) 乗数や除数が整数である場合の小数の乗法及び除法の計算ができること。
　イ 次のような思考力，判断力，表現力等を身に付けること。
　　(ア) 数の表し方の仕組みや数を構成する単位に着目し，計算の仕方を考えるとともに，それを日常生活に生かすこと。
(5) 分数とその加法及び減法に関わる数学的活動を通して，次の事項を身に付けることができるよう指導する。
　ア 次のような知識及び技能を身に付けること。

　　　　　(ｱ) 簡単な場合について，大きさの等しい分数があることを知ること。
　　　　　(ｲ) 同分母の分数の加法及び減法の計算ができること。
　　　　イ　次のような思考力，判断力，表現力等を身に付けること。
　　　　　(ｱ) 数を構成する単位に着目し，大きさの等しい分数を探したり，計算の仕方を考えたりするとともに，それを日常生活に生かすこと。
　　(6) 数量の関係を表す式に関わる数学的活動を通して，次の事項を身に付けることができるよう指導する。
　　　　ア　次のような知識及び技能を身に付けること。
　　　　　(ｱ) 四則の混合した式や（　）を用いた式について理解し，正しく計算すること。
　　　　　(ｲ) 公式についての考え方を理解し，公式を用いること。
　　　　　(ｳ) 数量を□，△などを用いて表し，その関係を式に表したり，□，△などに数を当てはめて調べたりすること。
　　　　イ　次のような思考力，判断力，表現力等を身に付けること。
　　　　　(ｱ) 問題場面の数量の関係に着目し，数量の関係を簡潔に，また一般的に表現したり，式の意味を読み取ったりすること。
　　(7) 計算に関して成り立つ性質に関わる数学的活動を通して，次の事項を身に付けることができるよう指導する。
　　　　ア　次のような知識及び技能を身に付けること。
　　　　　(ｱ) 四則に関して成り立つ性質についての理解を深めること。
　　　　イ　次のような思考力，判断力，表現力等を身に付けること。
　　　　　(ｱ) 数量の関係に着目し，計算に関して成り立つ性質を用いて計算の仕方を考えること。
　　(8) そろばんを用いた数の表し方と計算に関わる数学的活動を通して，次の事項を身に付けることができるよう指導する。
　　　　ア　次のような知識及び技能を身に付けること。
　　　　　(ｱ) 加法及び減法の計算をすること。
　　　　イ　次のような思考力，判断力，表現力等を身に付けること。
　　　　　(ｱ) そろばんの仕組みに着目し，大きな数や小数の計算の仕方を考えること。
　B　図形
　　(1) 平面図形に関わる数学的活動を通して，次の事項を身に付けることができるよう指導する。
　　　　ア　次のような知識及び技能を身に付けること。
　　　　　(ｱ) 直線の平行や垂直の関係について理解すること。
　　　　　(ｲ) 平行四辺形，ひし形，台形について知ること。
　　　　イ　次のような思考力，判断力，表現力等を身に付けること。
　　　　　(ｱ) 図形を構成する要素及びそれらの位置関係に着目し，構成の仕方を考察し図形の性質を見いだすとともに，その性質を基に既習の図形を捉え直すこと。
　　(2) 立体図形に関わる数学的活動を通して，次の事項を身に付けることができるよう指導する。
　　　　ア　次のような知識及び技能を身に付けること。
　　　　　(ｱ) 立方体，直方体について知ること。
　　　　　(ｲ) 直方体に関連して，直線や平面の平行や垂直の関係について理解すること。
　　　　　(ｳ) 見取図，展開図について知ること。
　　　　イ　次のような思考力，判断力，表現力等を身に付けること。
　　　　　(ｱ) 図形を構成する要素及びそれらの位置関係に着目し，立体図形の平面上での表現や構成の仕方を考察し図形の性質を見いだすとともに，日常の事象を図形の性質から捉え直すこと。
　　(3) ものの位置に関わる数学的活動を通して，次の事項を身に付けることができるよう指導する。
　　　　ア　次のような知識及び技能を身に付けること。
　　　　　(ｱ) ものの位置の表し方について理解すること。
　　　　イ　次のような思考力，判断力，表現力等を身に付けること。
　　　　　(ｱ) 平面や空間における位置を決める要素に着目し，その位置を数を用いて表現する方法を考察すること。
　　(4) 平面図形の面積に関わる数学的活動を通して，次の事項を身に付けることができるよう指導する。
　　　　ア　次のような知識及び技能を身に付けること。
　　　　　(ｱ) 面積の単位（平方センチメートル（cm^2），平方メートル（m^2），平方キロメートル（km^2））について知ること。
　　　　　(ｲ) 正方形及び長方形の面積の計算による求め方について理解すること。
　　　　イ　次のような思考力，判断力，表現力等を身に付けること。
　　　　　(ｱ) 面積の単位や図形を構成する要素に着目し，図形の面積の求め方を考えるとともに，面積の単位とこれまでに学習した単位との関係を考察すること。
　　(5) 角の大きさに関わる数学的活動を通して，次の事項を身に付けることができるよう指導する。

ア 次のような知識及び技能を身に付けること。
 (ア) 角の大きさを回転の大きさとして捉えること。
 (イ) 角の大きさの単位(度(°))について知り,角の大きさを測定すること。
イ 次のような思考力,判断力,表現力等を身に付けること。
 (ア) 図形の角の大きさに着目し,角の大きさを柔軟に表現したり,図形の考察に生かしたりすること。

C 変化と関係
(1) 伴って変わる二つの数量に関わる数学的活動を通して,次の事項を身に付けることができるよう指導する。
 ア 次のような知識及び技能を身に付けること。
  (ア) 変化の様子を表や式,折れ線グラフを用いて表したり,変化の特徴を読み取ったりすること。
 イ 次のような思考力,判断力,表現力等を身に付けること。
  (ア) 伴って変わる二つの数量を見いだして,それらの関係に着目し,表や式を用いて変化や対応の特徴を考察すること。
(2) 二つの数量の関係に関わる数学的活動を通して,次の事項を身に付けることができるよう指導する。
 ア 次のような知識及び技能を身に付けること。
  (ア) 簡単な場合について,ある二つの数量の関係と別の二つの数量の関係とを比べる場合に割合を用いる場合があることを知ること。
 イ 次のような思考力,判断力,表現力等を身に付けること。
  (ア) 日常の事象における数量の関係に着目し,図や式などを用いて,ある二つの数量の関係と別の二つの数量の関係との比べ方を考察すること。

D データの活用
(1) データの収集とその分析に関わる数学的活動を通して,次の事項を身に付けることができるよう指導する。
 ア 次のような知識及び技能を身に付けること。
  (ア) データを二つの観点から分類整理する方法を知ること。
  (イ) 折れ線グラフの特徴とその用い方を理解すること。
 イ 次のような思考力,判断力,表現力等を身に付けること。
  (ア) 目的に応じてデータを集めて分類整理し,データの特徴や傾向に着目し,問題を解決するために適切なグラフを選択して判断し,その結論について考察すること。

〔数学的活動〕
(1) 内容の「A数と計算」,「B図形」,「C変化と関係」及び「Dデータの活用」に示す学習については,次のような数学的活動に取り組むものとする。
 ア 日常の事象から算数の問題を見いだして解決し,結果を確かめたり,日常生活等に生かしたりする活動
 イ 算数の学習場面から算数の問題を見いだして解決し,結果を確かめたり,発展的に考察したりする活動
 ウ 問題解決の過程や結果を,図や式などを用いて数学的に表現し伝え合う活動

〔用語・記号〕
和 差 積 商 以上 以下 未満 真分数 仮分数 帯分数 平行 垂直 対角線 平面

3 内容の取扱い
(1) 内容の「A数と計算」の(1)については,大きな数を表す際に,3桁ごとに区切りを用いる場合があることに触れるものとする。
(2) 内容の「A数と計算」の(2)のアの(ウ)及び(3)については,簡単な計算は暗算でできるよう配慮するものとする。また,暗算を筆算や見積りに生かすよう配慮するものとする。
(3) 内容の「A数と計算」の(3)については,第1学年から第4学年までに示す整数の計算の能力を定着させ,それを用いる能力を伸ばすことに配慮するものとする。
(4) 内容の「A数と計算」の(3)のアの(エ)については,除数及び被除数に同じ数をかけても,同じ数で割っても商は変わらないという性質などを取り扱うものとする。
(5) 内容の「A数と計算」の(4)のアの(エ)については,整数を整数で割って商が小数になる場合も含めるものとする。
(6) 内容の「A数と計算」の(7)のアの(ア)については,交換法則,結合法則,分配法則を扱うものとする。
(7) 内容の「B図形」の(1)については,平行四辺形,ひし形,台形で平面を敷き詰めるなどの操作的な活動を重視するよう配慮するものとする。
(8) 内容の「B図形」の(4)のアの(ア)については,アール(a),ヘクタール(ha)の単位についても触れるものとする。
(9) 内容の「Dデータの活用」の(1)のアの(ア)については,資料を調べるときに,落ちや重なりがないようにすることを取り扱うものとする。
(10) 内容の「Dデータの活用」の(1)のアの(イ)に

ついては，複数系列のグラフや組み合わせたグラフにも触れるものとする。

〔第5学年〕
1 目標
(1) 整数の性質，分数の意味，小数と分数の計算の意味，面積の公式，図形の意味と性質，図形の体積，速さ，割合，帯グラフなどについて理解するとともに，小数や分数の計算をしたり，図形の性質を調べたり，図形の面積や体積を求めたり，表やグラフに表したりすることなどについての技能を身に付けるようにする。
(2) 数とその表現や計算の意味に着目し，目的に合った表現方法を用いて数の性質や計算の仕方などを考察する力，図形を構成する要素や図形間の関係などに着目し，図形の性質や図形の計量について考察する力，伴って変わる二つの数量やそれらの関係に着目し，変化や対応の特徴を見いだして，二つの数量の関係を表や式を用いて考察する力，目的に応じてデータを収集し，データの特徴や傾向に着目して表やグラフに的確に表現し，それらを用いて問題解決したり，解決の過程や結果を多面的に捉え考察したりする力などを養う。
(3) 数学的に表現・処理したことを振り返り，多面的に捉え検討してよりよいものを求めて粘り強く考える態度，数学のよさに気付き学習したことを生活や学習に活用しようとする態度を養う。

2 内容
A 数と計算
(1) 整数の性質及び整数の構成に関わる数学的活動を通して，次の事項を身に付けることができるよう指導する。
　ア 次のような知識及び技能を身に付けること。
　　(ｱ) 整数は，観点を決めると偶数と奇数に類別されることを知ること。
　　(ｲ) 約数，倍数について知ること。
　イ 次のような思考力，判断力，表現力等を身に付けること。
　　(ｱ) 乗法及び除法に着目し，観点を決めて整数を類別する仕方を考えたり，数の構成について考察したりするとともに，日常生活に生かすこと。
(2) 整数及び小数の表し方に関わる数学的活動を通して，次の事項を身に付けることができるよう指導する。
　ア 次のような知識及び技能を身に付けること。
　　(ｱ) ある数の10倍，100倍，1000倍，$\frac{1}{10}$，$\frac{1}{100}$などの大きさの数を，小数点の位置を移してつくること。
　イ 次のような思考力，判断力，表現力等を身に付けること。
　　(ｱ) 数の表し方の仕組みに着目し，数の相対的な大きさを考察し，計算などに有効に生かすこと。
(3) 小数の乗法及び除法に関わる数学的活動を通して，次の事項を身に付けることができるよう指導する。
　ア 次のような知識及び技能を身に付けること。
　　(ｱ) 乗数や除数が小数である場合の小数の乗法及び除法の意味について理解すること。
　　(ｲ) 小数の乗法及び除法の計算ができること。また，余りの大きさについて理解すること。
　　(ｳ) 小数の乗法及び除法についても整数の場合と同じ関係や法則が成り立つことを理解すること。
　イ 次のような思考力，判断力，表現力等を身に付けること。
　　(ｱ) 乗法及び除法の意味に着目し，乗数や除数が小数である場合まで数の範囲を広げて乗法及び除法の意味を捉え直すとともに，それらの計算の仕方を考えたり，それらを日常生活に生かしたりすること。
(4) 分数に関わる数学的活動を通して，次の事項を身に付けることができるよう指導する。
　ア 次のような知識及び技能を身に付けること。
　　(ｱ) 整数及び小数を分数の形に直したり，分数を小数で表したりすること。
　　(ｲ) 整数の除法の結果は，分数を用いると常に一つの数として表すことができることを理解すること。
　　(ｳ) 一つの分数の分子及び分母に同じ数を乗除してできる分数は，元の分数と同じ大きさを表すことを理解すること。
　　(ｴ) 分数の相等及び大小について知り，大小を比べること。
　イ 次のような思考力，判断力，表現力等を身に付けること。
　　(ｱ) 数を構成する単位に着目し，数の相等及び大小関係について考察すること。
　　(ｲ) 分数の表現に着目し，除法の結果の表し方を振り返り，分数の意味をまとめること。
(5) 分数の加法及び減法に関わる数学的活動を通して，次の事項を身に付けることができるよう指導する。
　ア 次のような知識及び技能を身に付けること。
　　(ｱ) 異分母の分数の加法及び減法の計算がで

きること。
イ 次のような思考力，判断力，表現力等を身に付けること。
(ｱ) 分数の意味や表現に着目し，計算の仕方を考えること。
(6) 数量の関係を表す式に関わる数学的活動を通して，次の事項を身に付けることができるよう指導する。
ア 次のような知識及び技能を身に付けること。
(ｱ) 数量の関係を表す式についての理解を深めること。
イ 次のような思考力，判断力，表現力等を身に付けること。
(ｱ) 二つの数量の対応や変わり方に着目し，簡単な式で表されている関係について考察すること。

B 図形
(1) 平面図形に関わる数学的活動を通して，次の事項を身に付けることができるよう指導する。
ア 次のような知識及び技能を身に付けること。
(ｱ) 図形の形や大きさが決まる要素について理解するとともに，図形の合同について理解すること。
(ｲ) 三角形や四角形など多角形についての簡単な性質を理解すること。
(ｳ) 円と関連させて正多角形の基本的な性質を知ること。
(ｴ) 円周率の意味について理解し，それを用いること。
イ 次のような思考力，判断力，表現力等を身に付けること。
(ｱ) 図形を構成する要素及び図形間の関係に着目し，構成の仕方を考察したり，図形の性質を見いだし，その性質を筋道を立てて考え説明したりすること。
(2) 立体図形に関わる数学的活動を通して，次の事項を身に付けることができるよう指導する。
ア 次のような知識及び技能を身に付けること。
(ｱ) 基本的な角柱や円柱について知ること。
イ 次のような思考力，判断力，表現力等を身に付けること。
(ｱ) 図形を構成する要素に着目し，図形の性質を見いだすとともに，その性質を基に既習の図形を捉え直すこと。
(3) 平面図形の面積に関わる数学的活動を通して，次の事項を身に付けることができるよう指導する。
ア 次のような知識及び技能を身に付けること。
(ｱ) 三角形，平行四辺形，ひし形，台形の面積の計算による求め方について理解すること。
イ 次のような思考力，判断力，表現力等を身に付けること。
(ｱ) 図形を構成する要素などに着目して，基本図形の面積の求め方を見いだすとともに，その表現を振り返り，簡潔かつ的確な表現に高め，公式として導くこと。
(4) 立体図形の体積に関わる数学的活動を通して，次の事項を身に付けることができるよう指導する。
ア 次のような知識及び技能を身に付けること。
(ｱ) 体積の単位（立方センチメートル（cm^3），立方メートル（m^3））について知ること。
(ｲ) 立方体及び直方体の体積の計算による求め方について理解すること。
イ 次のような思考力，判断力，表現力等を身に付けること。
(ｱ) 体積の単位や図形を構成する要素に着目し，図形の体積の求め方を考えるとともに，体積の単位とこれまでに学習した単位との関係を考察すること。

C 変化と関係
(1) 伴って変わる二つの数量に関わる数学的活動を通して，次の事項を身に付けることができるよう指導する。
ア 次のような知識及び技能を身に付けること。
(ｱ) 簡単な場合について，比例の関係があることを知ること。
イ 次のような思考力，判断力，表現力等を身に付けること。
(ｱ) 伴って変わる二つの数量を見いだして，それらの関係に着目し，表や式を用いて変化や対応の特徴を考察すること。
(2) 異種の二つの量の割合として捉えられる数量に関わる数学的活動を通して，次の事項を身に付けることができるよう指導する。
ア 次のような知識及び技能を身に付けること。
(ｱ) 速さなど単位量当たりの大きさの意味及び表し方について理解し，それを求めること。
イ 次のような思考力，判断力，表現力等を身に付けること。
(ｱ) 異種の二つの量の割合として捉えられる数量の関係に着目し，目的に応じて大きさを比べたり表現したりする方法を考察し，それらを日常生活に生かすこと。
(3) 二つの数量の関係に関わる数学的活動を通して，次の事項を身に付けることができるよう指導する。
ア 次のような知識及び技能を身に付けること。

(ア) ある二つの数量の関係と別の二つの数量の関係とを比べる場合に割合を用いる場合があることを理解すること。
　　　(イ) 百分率を用いた表し方を理解し，割合などを求めること。
　　イ　次のような思考力，判断力，表現力等を身に付けること。
　　　(ア) 日常の事象における数量の関係に着目し，図や式などを用いて，ある二つの数量の関係と別の二つの数量の関係との比べ方を考察し，それを日常生活に生かすこと。
　D　データの活用
　(1) データの収集とその分析に関わる数学的活動を通して，次の事項を身に付けることができるよう指導する。
　　ア　次のような知識及び技能を身に付けること。
　　　(ア) 円グラフや帯グラフの特徴とそれらの用い方を理解すること。
　　　(イ) データの収集や適切な手法の選択など統計的な問題解決の方法を知ること。
　　イ　次のような思考力，判断力，表現力等を身に付けること。
　　　(ア) 目的に応じてデータを集めて分類整理し，データの特徴や傾向に着目し，問題を解決するために適切なグラフを選択して判断し，その結論について多面的に捉え考察すること。
　(2) 測定した結果を平均する方法に関わる数学的活動を通して，次の事項を身に付けることができるよう指導する。
　　ア　次のような知識及び技能を身に付けること。
　　　(ア) 平均の意味について理解すること。
　　イ　次のような思考力，判断力，表現力等を身に付けること。
　　　(ア) 概括的に捉えることに着目し，測定した結果を平均する方法について考察し，それを学習や日常生活に生かすこと。
〔数学的活動〕
　(1) 内容の「A 数と計算」，「B 図形」，「C 変化と関係」及び「D データの活用」に示す学習については，次のような数学的活動に取り組むものとする。
　　ア　日常の事象から算数の問題を見いだして解決し，結果を確かめたり，日常生活等に生かしたりする活動
　　イ　算数の学習場面から算数の問題を見いだして解決し，結果を確かめたり，発展的に考察したりする活動
　　ウ　問題解決の過程や結果を，図や式などを用いて数学的に表現し伝え合う活動

〔用語・記号〕
　　最大公約数　最小公倍数　通分　約分　底面　側面　比例　％
　3　内容の取扱い
　(1) 内容の「A 数と計算」の(1)のアの(イ)については，最大公約数や最小公倍数を形式的に求めることに偏ることなく，具体的な場面に即して取り扱うものとする。
　(2) 内容の「B 図形」の(1)については，平面を合同な図形で敷き詰めるなどの操作的な活動を重視するよう配慮するものとする。
　(3) 内容の「B 図形」の(1)のアの(エ)については，円周率は3.14を用いるものとする。
　(4) 内容の「C 変化と関係」の(3)のアの(イ)については，歩合の表し方について触れるものとする。
　(5) 内容の「D データの活用」の(1)については，複数の帯グラフを比べることにも触れるものとする。

〔第6学年〕
　1　目　標
　(1) 分数の計算の意味，文字を用いた式，図形の意味，図形の体積，比例，度数分布を表す表などについて理解するとともに，分数の計算をしたり，図形を構成したり，図形の面積や体積を求めたり，表やグラフに表したりすることなどについての技能を身に付けるようにする。
　(2) 数とその表現や計算の意味に着目し，発展的に考察して問題を見いだすとともに，目的に応じて多様な表現方法を用いながら数の表し方や計算の仕方などを考察する力，図形を構成する要素や図形間の関係などに着目し，図形の性質や図形の計量について考察する力，伴って変わる二つの数量やそれらの関係に着目し，変化や対応の特徴を見いだして，二つの数量の関係を表や式，グラフを用いて考察する力，身の回りの事象から設定した問題について，目的に応じてデータを収集し，データの特徴や傾向に着目して適切な手法を選択して分析を行い，それらを用いて問題解決したり，解決の過程や結果を批判的に考察したりする力などを養う。
　(3) 数学的に表現・処理したことを振り返り，多面的に捉え検討してよりよいものを求めて粘り強く考える態度，数学のよさに気付き学習したことを生活や学習に活用しようとする態度を養う。
　2　内　容
　A　数と計算
　(1) 分数の乗法及び除法に関わる数学的活動を通

して，次の事項を身に付けることができるよう指導する。
　ア　次のような知識及び技能を身に付けること。
　　(ｱ)　乗数や除数が整数や分数である場合も含めて，分数の乗法及び除法の意味について理解すること。
　　(ｲ)　分数の乗法及び除法の計算ができること。
　　(ｳ)　分数の乗法及び除法についても，整数の場合と同じ関係や法則が成り立つことを理解すること。
　イ　次のような思考力，判断力，表現力等を身に付けること。
　　(ｱ)　数の意味と表現，計算について成り立つ性質に着目し，計算の仕方を多面的に捉え考えること。
(2)　数量の関係を表す式に関わる数学的活動を通して，次の事項を身に付けることができるよう指導する。
　ア　次のような知識及び技能を身に付けること。
　　(ｱ)　数量を表す言葉や□，△などの代わりに，a, xなどの文字を用いて式に表したり，文字に数を当てはめて調べたりすること。
　イ　次のような思考力，判断力，表現力等を身に付けること。
　　(ｱ)　問題場面の数量の関係に着目し，数量の関係を簡潔かつ一般的に表現したり，式の意味を読み取ったりすること。

B　図形
(1)　平面図形に関わる数学的活動を通して，次の事項を身に付けることができるよう指導する。
　ア　次のような知識及び技能を身に付けること。
　　(ｱ)　縮図や拡大図について理解すること。
　　(ｲ)　対称な図形について理解すること。
　イ　次のような思考力，判断力，表現力等を身に付けること。
　　(ｱ)　図形を構成する要素及び図形間の関係に着目し，構成の仕方を考察したり図形の性質を見いだしたりするとともに，その性質を基に既習の図形を捉え直したり日常生活に生かしたりすること。
(2)　身の回りにある形の概形やおよその面積などに関わる数学的活動を通して，次の事項を身に付けることができるよう指導する。
　ア　次のような知識及び技能を身に付けること。
　　(ｱ)　身の回りにある形について，その概形を捉え，およその面積などを求めること。
　イ　次のような思考力，判断力，表現力等を身に付けること。
　　(ｱ)　図形を構成する要素や性質に着目し，筋道を立てて面積などの求め方を考え，それを日常生活に生かすこと。
(3)　平面図形の面積に関わる数学的活動を通して，次の事項を身に付けることができるよう指導する。
　ア　次のような知識及び技能を身に付けること。
　　(ｱ)　円の面積の計算による求め方について理解すること。
　イ　次のような思考力，判断力，表現力等を身に付けること。
　　(ｱ)　図形を構成する要素などに着目し，基本図形の面積の求め方を見いだすとともに，その表現を振り返り，簡潔かつ的確な表現に高め，公式として導くこと。
(4)　立体図形の体積に関わる数学的活動を通して，次の事項を身に付けることができるよう指導する。
　ア　次のような知識及び技能を身に付けること。
　　(ｱ)　基本的な角柱及び円柱の体積の計算による求め方について理解すること。
　イ　次のような思考力，判断力，表現力等を身に付けること。
　　(ｱ)　図形を構成する要素に着目し，基本図形の体積の求め方を見いだすとともに，その表現を振り返り，簡潔かつ的確な表現に高め，公式として導くこと。

C　変化と関係
(1)　伴って変わる二つの数量に関わる数学的活動を通して，次の事項を身に付けることができるよう指導する。
　ア　次のような知識及び技能を身に付けること。
　　(ｱ)　比例の関係の意味や性質を理解すること。
　　(ｲ)　比例の関係を用いた問題解決の方法について知ること。
　　(ｳ)　反比例の関係について知ること。
　イ　次のような思考力，判断力，表現力等を身に付けること。
　　(ｱ)　伴って変わる二つの数量を見いだして，それらの関係に着目し，目的に応じて表や式，グラフを用いてそれらの関係を表現して，変化や対応の特徴を見いだすとともに，それらを日常生活に生かすこと。
(2)　二つの数量の関係に関わる数学的活動を通して，次の事項を身に付けることができるよう指導する。
　ア　次のような知識及び技能を身に付けること。
　　(ｱ)　比の意味や表し方を理解し，数量の関係を比で表したり，等しい比をつくったりすること。
　イ　次のような思考力，判断力，表現力等を身に付けること。

(ｱ) 日常の事象における数量の関係に着目し，図や式などを用いて数量の関係の比べ方を考察し，それを日常生活に生かすこと。
　D　データの活用
　(1) データの収集とその分析に関わる数学的活動を通して，次の事項を身に付けることができるよう指導する。
　　ア　次のような知識及び技能を身に付けること。
　　　(ｱ) 代表値の意味や求め方を理解すること。
　　　(ｲ) 度数分布を表す表やグラフの特徴及びそれらの用い方を理解すること。
　　　(ｳ) 目的に応じてデータを収集したり適切な手法を選択したりするなど，統計的な問題解決の方法を知ること。
　　イ　次のような思考力，判断力，表現力等を身に付けること。
　　　(ｱ) 目的に応じてデータを集めて分類整理し，データの特徴や傾向に着目し，代表値などを用いて問題の結論について判断するとともに，その妥当性について批判的に考察すること。
　(2) 起こり得る場合に関わる数学的活動を通して，次の事項を身に付けることができるよう指導する。
　　ア　次のような知識及び技能を身に付けること。
　　　(ｱ) 起こり得る場合を順序よく整理するための図や表などの用い方を知ること。
　　イ　次のような思考力，判断力，表現力等を身に付けること。
　　　(ｱ) 事象の特徴に着目し，順序よく整理する観点を決めて，落ちや重なりなく調べる方法を考察すること。
〔数学的活動〕
　(1) 内容の「A数と計算」，「B図形」，「C変化と関係」及び「Dデータの活用」に示す学習については，次のような数学的活動に取り組むものとする。
　　ア　日常の事象を数理的に捉え問題を見いだして解決し，解決過程を振り返り，結果や方法を改善したり，日常生活等に生かしたりする活動
　　イ　算数の学習場面から算数の問題を見いだして解決し，解決過程を振り返り統合的・発展的に考察する活動
　　ウ　問題解決の過程や結果を，目的に応じて図や式などを用いて数学的に表現し伝え合う活動
〔用語・記号〕
　　線対称　点対称　対称の軸　対称の中心　比の値
　　ドットプロット　平均値　中央値　最頻値　階級　：

3　内容の取扱い
　(1) 内容の「A数と計算」の(1)については，逆数を用いて除法を乗法の計算としてみることや，整数や小数の乗法や除法を分数の場合の計算にまとめることも取り扱うものとする。
　(2) 内容の「A数と計算」の(1)については，第3学年から第6学年までに示す小数や分数の計算の能力を定着させ，それらを用いる能力を伸ばすことに配慮するものとする。
　(3) 内容の「B図形」の(3)のアの(ｱ)については，円周率は3.14を用いるものとする。

第3　指導計画の作成と内容の取扱い
1　指導計画の作成に当たっては，次の事項に配慮するものとする。
　(1) 単元など内容や時間のまとまりを見通して，その中で育む資質・能力の育成に向けて，数学的活動を通して，児童の主体的・対話的で深い学びの実現を図るようにすること。その際，数学的な見方・考え方を働かせながら，日常の事象を数理的に捉え，算数の問題を見いだし，問題を自立的，協働的に解決し，学習の過程を振り返り，概念を形成するなどの学習の充実を図ること。
　(2) 第2の各学年の内容は，次の学年以降においても必要に応じて継続して指導すること。数量や図形についての基礎的な能力の習熟や維持を図るため，適宜練習の機会を設けて計画的に指導すること。なお，その際，第1章総則の第2の3の(2)のウの(ｲ)に掲げる指導を行う場合には，当該指導のねらいを明確にするとともに，単元など内容や時間のまとまりを見通して資質・能力が偏りなく育成されるよう計画的に指導すること。また，学年間の指導内容を円滑に接続させるため，適切な反復による学習指導を進めるようにすること。
　(3) 第2の各学年の内容の「A数と計算」，「B図形」，「C測定」，「C変化と関係」及び「Dデータの活用」の間の指導の関連を図ること。
　(4) 低学年においては，第1章総則の第2の4の(1)を踏まえ，他教科等との関連を積極的に図り，指導の効果を高めるようにするとともに，幼稚園教育要領等に示す幼児期の終わりまでに育ってほしい姿との関連を考慮すること。特に，小学校入学当初においては，生活科を中心とした合科的・関連的な指導や，弾力的な時間割の設定を行うなどの工夫をすること。
　(5) 障害のある児童などについては，学習活動を行う場合に生じる困難さに応じた指導内容や指導方法の工夫を計画的，組織的に行うこと。

(6) 第1章総則の第1の2の(2)に示す道徳教育の目標に基づき，道徳科などとの関連を考慮しながら，第3章特別の教科道徳の第2に示す内容について，算数科の特質に応じて適切な指導をすること。

2 第2の内容の取扱いについては，次の事項に配慮するものとする。

(1) 思考力，判断力，表現力等を育成するため，各学年の内容の指導に当たっては，具体物，図，言葉，数，式，表，グラフなどを用いて考えたり，説明したり，互いに自分の考えを表現し伝え合ったり，学び合ったり，高め合ったりするなどの学習活動を積極的に取り入れるようにすること。

(2) 数量や図形についての感覚を豊かにしたり，表やグラフを用いて表現する力を高めたりするなどのため，必要な場面においてコンピュータなどを適切に活用すること。また，第1章総則の第3の1の(3)のイに掲げるプログラミングを体験しながら論理的思考力を身に付けるための学習活動を行う場合には，児童の負担に配慮しつつ，例えば第2の各学年の内容の〔第5学年〕の「B図形」の(1)における正多角形の作図を行う学習に関連して，正確な繰り返し作業を行う必要があり，更に一部を変えることでいろいろな正多角形を同様に考えることができる場面などで取り扱うこと。

(3) 各領域の指導に当たっては，具体物を操作したり，日常の事象を観察したり，児童にとって身近な算数の問題を解決したりするなどの具体的な体験を伴う学習を通して，数量や図形について実感を伴った理解をしたり，算数を学ぶ意義を実感したりする機会を設けること。

(4) 第2の各学年の内容に示す〔用語・記号〕は，当該学年で取り上げる内容の程度や範囲を明確にするために示したものであり，その指導に当たっては，各学年の内容と密接に関連させて取り上げるようにし，それらを用いて表したり考えたりすることのよさが分かるようにすること。

(5) 数量や図形についての豊かな感覚を育てるとともに，およその大きさや形を捉え，それらに基づいて適切に判断したり，能率的な処理の仕方を考え出したりすることができるようにすること。

(6) 筆算による計算の技能を確実に身に付けることを重視するとともに，目的に応じて計算の結果の見積りをして，計算の仕方や結果について適切に判断できるようにすること。また，低学年の「A数と計算」の指導に当たっては，そろばんや具体物などの教具を適宜用いて，数と計算についての意味の理解を深めるよう留意すること。

3 数学的活動の取組においては，次の事項に配慮するものとする。

(1) 数学的活動は，基礎的・基本的な知識及び技能を確実に身に付けたり，思考力，判断力，表現力等を高めたり，算数を学ぶことの楽しさや意義を実感したりするために，重要な役割を果たすものであることから，各学年の内容の「A数と計算」，「B図形」，「C測定」，「C変化と関係」及び「Dデータの活用」に示す事項については，数学的活動を通して指導するようにすること。

(2) 数学的活動を楽しめるようにする機会を設けること。

(3) 算数の問題を解決する方法を理解するとともに，自ら問題を見いだし，解決するための構想を立て，実践し，その結果を評価・改善する機会を設けること。

(4) 具体物，図，数，式，表，グラフ相互の関連を図る機会を設けること。

(5) 友達と考えを伝え合うことで学び合ったり，学習の過程と成果を振り返り，よりよく問題解決できたことを実感したりする機会を設けること。

索　引

あ

アクティブ・ラーニング …… 3, 23
余り …………………………… 41
余りの小数点 ………………… 57
暗算 …………………… 37, 59
「生きる力」 ………………… 21, 22
1当たり量 …………………… 55
1次元の表 …………………… 111
1対1対応 …………………… 29
異分母分数 …………………… 49
絵グラフ ……………………… 113
円 ……………………… 73, 76
演繹的 ………………… 76, 141
円グラフ ……………………… 114
演算 …………………………… 32
演算の意味の拡張 …………… 48
円周率 ………………………… 82
円柱 …………………………… 80
円の面積 ……………………… 82
帯グラフ ……………………… 114
重さ …………………………… 92
折れ線グラフ …… 97, 114, 116

か

外延 …………………………… 69
外延量 ………………… 89, 92
階級 ………………… 112, 115
概算 …………………………… 58
概数 …………………………… 58
回転角 ………………………… 83
概念形成 ……………………… 128
角 ……………………… 71, 83
学習指導案 …………………… 142
学習指導要領 ………… 16, 19
拡大図 ………………………… 78
角柱 …………………………… 80
学力の3要素 …………… 23, 25
かさ …………………… 83, 92
仮商 …………………………… 43

数の相対的な大きさ …… 45, 49
数の分解と合成 ……………… 34
仮説 …………………………… 122
数え主義 ……………………… 18
学校教育法 …………………… 19
合併 …………………… 33, 34
仮分数 ………………………… 46
加法 …………………… 34, 48
加法原理 ……………………… 30
加法性 ………………………… 92
カリキュラム・マネジメント …… 10
関係概念 ……………………… 68
関数 …………………………… 101
漢数字 ………………………… 30
間接比較 ……………… 89, 90
菊池大麓 ……………………… 17
基準にする大きさ …………… 53
基準量 ………………………… 89
基数 …………………………… 29
記数法 ………………………… 30
基礎・基本の重視 …………… 21
帰納的 ………………… 75, 141
逆思考 ………………… 35, 36
既約分数 ……………………… 46
球 ……………………………… 79
求差 …………………… 33, 36
求残 …………………… 33, 36
教育基本法 …………………… 19
教材研究 ……………………… 142
教材の視覚化 ………………… 14
切り上げ ……………………… 58
切り捨て ……………………… 58
kg ……………………………… 92
km ……………………………… 91
空位の0 ……………………… 31
九九 …………………………… 40
位取り記数法 ………… 31, 42
位取りの原理 ………………… 31
グラフ ………………………… 112
比べる量 ……………… 53, 99

繰り上がり …………………… 35
繰り下がり …………………… 37
黒表紙教科書 ………………… 18
計画 …………………… 110, 122
経験主義教育 ………………… 16
形成的評価 …………… 136, 139
系統的学習 …………………… 19
系統主義教育 ………………… 16
結合法則 ……………………… 33
結論 …………………… 111, 124
減加法 ………………………… 37
減々法 ………………………… 37
検定教科書 …………………… 19
減法 …………………… 36, 48
交換法則 ……………………… 33
構成比 ………………………… 114
合同 …………………………… 77
コンパス ……………… 73, 76

さ

細案 …………………………… 144
最頻値 ………………………… 116
作図 …………………… 69, 76
三角形 ………………………… 70
算術 …………………………… 17
算数（数学）の系統性 ……… 11
算数的活動 ………… 6, 21, 22
算数の系統性 ………………… 141
塩野直道 ……………………… 18
四角形 ………………………… 70
時間 …………………… 88, 93
式 ……………………………… 103
時系列データ ………………… 111
思考力・判断力・表現力等
　………………………… 23, 25
自己教育力の育成 …………… 21
時刻 …………………………… 93
事後評価 ……………………… 136
四捨五入 ……………………… 58
自然数 ………………………… 29

索　引

事前評価 …………………… 136, 139
四則演算 ……………………………… 32
十進位取り記数法 …… 31, 44, 60
十進法 ………………………………… 31
質的データ ………………………… 111
実用的価値 ………………………… 15
指導観 ……………………………… 144
児童観 ……………………………… 144
指導計画 …………………………… 140
指導と評価の一体化 …… 139, 142
指導目標 …………………………… 142
社会生活基本調査 ……… 118, 120
集合数 ……………………………… 29
収集計画 …………………………… 118
従属変数 …………………………… 103
縮図 ………………………………… 78
主体的・対話的で深い学び
　……………………… 1, 23, 141
主体的な学び ………………… 2, 124
順序数 ……………………………… 29
商 …………………………………… 41
小円 ………………………………… 79
小学校令施行規則 ………………… 17
小数 …………………………… 44, 48
商分数 ……………………………… 45
乗法 …………………………… 39, 50, 53
乗法の意味の拡張 ………………… 53
序数 ………………………………… 29
除法 ………………………… 40, 51, 55
除法の意味の拡張 ………………… 55
シンク・ペア・シェア …………… 4
真商 ………………………………… 43
診断的評価 ………………………… 136
真分数 ……………………………… 46
垂直 …………………………… 72, 77, 79
数概念 ……………………………… 28
数学教育の現代化 ………………… 20
数学的活動 …………… 5, 6, 24, 141
数学的活動の類型 ………………… 8
数学的な見方・考え方 … 3, 6, 23
数詞 ………………………………… 28
数字 ………………………………… 28
数直線 ……………………………… 44
数直線図 …………………………… 53

数理思想の開発 …………………… 18
図形の決定条件 …………………… 77
図形の構成要素 …………………… 67
ステヴィン ………………………… 44
スパイラル …………………… 22, 141
スプートニク・ショック ……… 20
スモールステップ ………………… 14
生活単元学習 ……………………… 19
正三角形 …………………………… 70
性質 ………………………………… 71
正多角形 …………………………… 73
静的なとらえ方 …………………… 78
正方形 ……………………………… 71
積 …………………………………… 33
関孝和 ……………………………… 17
絶対評価 …………………………… 135
センサス＠スクール …………… 120
線対称 ……………………………… 78
cm ………………………………… 91
センテンス（文）型 ……………… 59
増加 …………………………… 33, 34
総括的評価 ………………………… 137
操作分数 …………………………… 45
相対評価 …………………………… 135
測定 ………………………………… 89
測定値の平均 ……………………… 115
測定の4段階 ……………………… 89

た

大円 ………………………………… 79
対応 ………………………………… 104
台形 ………………………………… 72
対象概念 …………………………… 68
体積 ………………………………… 83
帯分数 ……………………………… 46
代表値 ……………………………… 116
対話的な学び …………………… 2, 125
多角形 ……………………………… 73
縦にみる見方 ……………………… 104
多面的・批判的な考察 ………… 116
単位 …………………………… 88, 89
単位分数のいくつ分としての
　分数 …………………………… 45
単位量当たりの大きさ …… 55, 98

単元観 ……………………………… 144
単項演算 …………………………… 32
知識・技能 …………………… 23, 25
中央値 ……………………………… 116
中間評価 …………………… 136, 137, 139
柱状グラフ ………………………… 115
中心 …………………………… 74, 76
頂点 ………………………………… 70
長方形 ……………………………… 71
直積型 ……………………………… 39
直接比較 …………………………… 89, 90
直線 ………………………………… 74
直方体 ……………………………… 79
直角 ………………………………… 71
直径 ………………………………… 74
通分 ………………………………… 46
つまずき …………………………… 133
定義 ………………………………… 71
データ …………………………… 111, 122
データカード …………………… 123
dL ………………………………… 92
デューイ …………………………… 19
展開図 ……………………………… 77
電子教科書 ………………………… 9
点対称 ……………………………… 78
度 …………………………………… 89
統計活用授業のための教材サ
　イト …………………………… 120
統計情報の妥当性 ……………… 117
統計的な問題解決
　……………………… 110, 116, 118
同数累加 …………………………… 39
動的なとらえ方 …………………… 78
等分除 ……………………………… 33, 40
同分母分数 ………………………… 49
陶冶的価値 ………………………… 15
独立変数 …………………………… 103
時計 ………………………………… 93
度数分布表 …………………… 112, 115

な

内包 ………………………………… 69
内包量 ……………………………… 89
長さ …………………………… 89, 90

なるほど統計学園 ………………… 120
何倍 …………………………………… 39
二項演算 ……………………………… 32
2次元の表 …………………………… 111
二等辺三角形 ………………………… 70
任意単位による測定 ………… 89, 91
認知プロセスの外化 …………………… 4
練り上げ …………………………… 131

は

％ …………………………………… 100
倍 …………………………………… 33, 99
倍分 …………………………………… 46
はした ……………………………… 44, 91
発問 ………………………………… 131
速さ ………………………………… 98
半径 ……………………………… 74, 76
板書 ………………………………… 132
反比例 ………………………… 98, 102, 104
反復（スパイラル） ……………… 22, 141
比 …………………………………… 98
ひし形 ……………………………… 72
ヒストグラム ……………………… 115
筆算 ………………………… 37, 38, 42, 43
百分率 ……………………………… 100
表 ……………………………… 102, 111
秒 …………………………………… 93
評価規準 …………………………… 137
評価基準 …………………………… 137
評価計画 …………………………… 140
比例 …………………………… 98, 102, 103
比例のグラフ ……………………… 104
分 …………………………………… 101
歩合 ……………………………… 100, 101
深い学び ………………………… 2, 125
藤沢利喜太郎 ……………………… 17
不等辺三角形 ……………………… 71
普遍単位による測定 ………… 89, 91
フレーズ（句）型 ………………… 59
プログラミング学習 ……………… 10
プログラミング的思考 …………… 10
分 …………………………………… 93
分割分数 …………………………… 45
文化的価値 ………………………… 15

分数 ……………………………… 45, 49
分析 …………………………… 111, 123
分配法則 ………………………… 33, 42
分離量 ……………………………… 88
平均値 ……………………………… 116
平行 ………………………… 72, 77, 79
平行四辺形 ………………………… 72
平面図形 …………………………… 70
辺 …………………………………… 70
変化 ………………………………… 104
変数 ………………………………… 101
包含除 …………………………… 33, 40
棒グラフ …………………………… 113
補加法 ……………………………… 37
補数 ………………………………… 35
保存性 ……………………………… 93

ま

学びに向かう力・人間性等
　………………………………… 23, 25
見方・考え方 ………………… 1, 2, 3
水色（青色）表紙教科書 ………… 19
道のり ……………………………… 91
3つの柱 ……………………… 23, 25
見積り ……………………………… 59
見取図 ……………………………… 77
緑表紙教科書 ……………………… 18
mm ………………………………… 91
mL ………………………………… 92
無限小数 …………………………… 47
めあて ……………………………… 130
命数法 ……………………………… 30
m …………………………………… 91
面積 ………………………………… 80
面積を求める公式 ………………… 81
もとにする量 …………………… 53, 99
問題 …………………………… 110, 122
問題設定 …………………………… 118
問題提示 …………………………… 130

や

約分 ………………………………… 46
有限小数 ………………………… 47, 61
有理数 ……………………………… 47

ゆとりと充実 ……………………… 21
ユニバーサルデザイン ……… 13, 133
横にみる見方 ……………………… 104

ら

ラウンド・ロビン …………………… 4
率 …………………………………… 89
立体 ………………………………… 78
立体図形 …………………………… 78
L …………………………………… 92
立方体 ……………………………… 79
略案 ………………………………… 144
量 …………………………………… 88
領域構成 …………………………… 12
量的データ ………………………… 111
量分数 ……………………………… 45
厘 …………………………………… 101
累加 ………………………………… 50
類推的 ……………………………… 75
連続性 ……………………………… 92
連続量 ……………………………… 89
ローマ数字 ………………………… 30

わ

和算 ………………………………… 17
割 …………………………………… 101
割合 …………………………… 53, 98, 99
割合3用法 ………………………… 99
割合に当たる大きさ ……………… 53
割合の第1用法 …………………… 56
割合の第3用法 …………………… 55
割合の第2用法 …………………… 53
割合分数 …………………………… 45

数字・欧文

Analysis ……………………… 111, 123
Conclusion …………………… 111, 124
Data …………………………… 111, 122
e-stat ………………………… 118, 120
ICTを活用した算数教育 ……………… 7
PPDACサイクル … 110, 118, 120
Plan …………………………… 110, 122
Problem ……………………… 110, 122

〔編著者〕

鈴木　将史　　創価大学教育学部 教授　　　　第1章・第3章1, 5～8, 9(2)・第9章

〔著　者〕（五十音順）

青山　和裕　　愛知教育大学教育学部 准教授　　第7章

穴田　恭輔　　神戸女子大学文学部 准教授　　　第3章2～4, 9(1)

太田　　誠　　東海学園大学教育学部 教授　　　第6章

佐藤　幸江　　元金沢星稜大学人間科学部 教授　　第2章

志水　　廣　　愛知教育大学 名誉教授　　　　　第8章・巻末資料1

鈴木　詞雄　　創価大学教職大学院 教授　　　　第1章・第9章

玉置　　崇　　岐阜聖徳学園大学教育学部 教授　　第4章

和田　秀夫　　元愛知学泉大学家政学部 准教授　　第5章

小学校算数科教育法

2018年（平成30年）4月20日　初 版 発 行
2023年（令和5年）11月20日　第6刷発行

編著者　鈴木　将史
発行者　筑紫　和男
発行所　株式会社 建帛社 KENPAKUSHA

〒112-0011　東京都文京区千石4丁目2番15号
　　　　　　TEL　(03)3944-2611
　　　　　　FAX　(03)3946-4377
　　　　　　https://www.kenpakusha.co.jp/

ISBN 978-4-7679-2112-9 C3037　　あづま堂印刷／ブロケード
© 鈴木将史ほか, 2018.　　　　　　Printed in Japan
（定価はカバーに表示してあります）

本書の複製権・翻訳権・上映権・公衆送信権等は株式会社建帛社が保有します。

JCOPY〈出版者著作権管理機構 委託出版物〉

本書の無断複製は著作権法上での例外を除き禁じられています。複製される場合は，そのつど事前に，出版者著作権管理機構（TEL 03-5244-5088，FAX 03-5244-5089, e-mail : info@jcopy.or.jp）の許諾を得てください。